英語長文レベル別問題集

改訂版

6 最上級編

東進ハイスクール・東進衛星予備校 講師

安河内哲也 **大岩秀樹**
YASUKOCHI Tetsuya OIWA Hideki

 東進ブックス

まえがき

「英語長文レベル別問題集」の世界へようこそ。この問題集は各種の試験においてますます出題が増加している長文読解を，段階別に音声や動画を使って訓練できるように工夫されたシリーズです。**自分に最も合ったレベルから，小さなステップを踏み，練習を重ねることによって，第一志望合格レベルに到達することを目標としています。**レベル1は中学2年生レベルから始まり，レベル6は，最難関大学に対応できるレベルとなっています。この間の細かなレベル分類の中に，必ず自分のスタートすべきレベルが見つかるはずです。

このシリーズにおいては，英文の内容が偏らないように様々なテーマの英文を選択しました。同じようなテーマの英文が連続し，興味を失うことのないよう，配列にも工夫をしています。長文読解は，**「単語」「熟語」「構造」だけではなく，内容に関する豊富な知識を持つことが非常に大切な学習分野となります。**様々なテーマの英文を楽しんで読み進めることにより，英文を読むために必要な一般常識の力もいっしょに身につけていきましょう。

また，長文読解と一言で言っても，「単語」「熟語」「構造把握力」「速読力」など，すべての英語の力を結集して行う「総合技術」のようなものです。だから，「これをやればすぐにできるようになる」といった単純な処方箋がないのです。

本書を学習する皆さんは，このような長文読解の特徴を十分に理解し，コツコツと正攻法で学習を進めてください。特に，速読力を身につけるためには，英文を一度読んで答え合わせをするだけではなく，**英文をしっかりと理解したうえで，繰り返し聞いたり，音読したりすることが極めて重要**です。ぜひ，本書付属の音声や動画を活用し，繰り返して英語に対する反射神経を磨いてください。最終的には，学習した長文を耳で聞いてすべてわかるようにしてしまいましょう。

この問題集の大きな特徴は「使いやすさ」です。限られたページ数の中で，学習が能率的に進められるよう，工夫の限りを尽くしたデザインとなっています。

重要度からすれば，まさに入試の核とも言えるのが「長文読解」の学習です。本書を片手に受験生の皆さんが**「将来も役に立つ長文読解力」**を身につけてくれることを祈り，応援しております。

安河内 哲也／大岩 秀樹

● 改訂のポイント ●

1 古いテーマの長文を削除し，**最新の傾向に合った長文**を新規収録しました。

2 複雑な構造の文章やつまずきやすい文章に対し，**構文解説**を追加しました。

3 複数のナレーター（アメリカ人／イギリス人／インド人）の音声を収録しました。

4 学習効果を飛躍的に高める**2種類の動画コンテンツ**を追加しました。

レベル6の特徴

こんな人に最適！
☑ 東大・早慶上智などの最難関レベルの大学を受験する人
☑ 難解で高度な英文が読めるようになりたい人
☑ 英検準1級合格を目指す人

レベル6の位置付け

　このレベルでは，東大や早慶上智といった最難関大学で出題された問題を中心に練習し，**長文問題を強力な得点源にすることを目標とします。**このレベルの英文は抽象度も増し，テーマも非常に高度なものとなります。**パラグラフごとのトピックを把握し，マクロ的な視点から論理的に考え，最終的に筆者が何を言おうとしているのかを見抜くことが大切です。**設問も表面的な内容を問うものではなく，前後の意味や内容から考えさせるものが多くなります。常に文章の内容を論理的に考え，全体から細部を眺めることで設問に対応する力を磨きましょう。

長文読解の万全の固めをしよう！

　レベル6を終了すると，**最難関大学の入試に対応できる万全の準備が整った**と言えます。しかし，まだ安心してはいけません。なぜならこのレベルの大学は，大学によってはもちろん，学部・学科によっても異なる問題形式で出題するのが特徴だからです。したがって，**志望する大学の出題傾向を十分に研究し，その傾向に応じて過去問を中心に長文読解演習を続けましょう。**加えてこのシリーズで学習した人は，最初に始めたレベルからもう一度すべての英文を復習し，長文読解のさらなる万全の固めに取りかかってください。

▼志望校レベルと本書のレベル対照表

難易度	偏差値	志望校レベル 国公立大（例）	志望校レベル 私立大（例）	英検	本書のレベル（目安）
難	〜67	東京大, 京都大	国際基督教大, 慶應義塾大, 早稲田大		⑥最上級編
↑	66〜63	一橋大, 東京外国語大, 国際教養大, 筑波大, 名古屋大, 大阪大, 北海道大, 東北大, 神戸大, 東京都立大 など	上智大, 青山学院大, 明治大, 立教大, 中央大, 同志社大	準1級	⑤上級編 ④中級編
	62〜60	お茶の水女子大, 横浜国立大, 九州大, 名古屋市立大, 千葉大, 京都府立大, 信州大, 広島大, 静岡県立大 など	東京理科大, 法政大, 学習院大, 武蔵大, 中京大, 立命館大, 関西大, 成蹊大	2級	
	59〜57	茨城大, 埼玉大, 岡山大, 熊本大, 新潟大, 富山大, 静岡大, 高崎経済大, 長野大, 山形大, 岐阜大, 和歌山大 など	津田塾大, 関西学院大, 獨協大, 國學院大, 成城大, 南山大, 武蔵野大, 駒澤大, 専修大, 東洋大, 日本女子大 など		
	56〜55	共通テスト, 広島市立大, 宇都宮大, 山口大, 徳島大, 愛媛大 など	東海大, 文教大, 立正大, 西南学院大, 近畿大, 東京女子大, 日本大 など		③標準編
	54〜51	弘前大, 秋田大, 琉球大, 長崎県立大, 石川県立大, 富山県立大 など	亜細亜大, 大妻女子大, 大正大, 国士舘大, 名城大, 杏林大, 京都産業大 など	準2級	
	50〜	北見工業大, 釧路公立大, 水産大 など	大東文化大, 拓殖大, 摂南大, 共立女子短大 など		②初級編
↓	-	難関公立高校（高1・2生）	難関私立高校（高1・2生）	3級	①超基礎編
易		一般公立高校（中学基礎〜高校入門）	一般私立高校（中学基礎〜高校入門）		

本書の使い方

　本書には，大学入試に出題された英語長文問題が全10題（Lesson 01～10）収録されています。各 Lesson は，❶問題文→❷設問→❸解答・解説→❹構造確認／和訳（＋語句リスト）という極めてシンプルな見開き構成で進んでいきます。

▶制限時間を目安に，問題文を読んで次ページの問題にチャレンジしましょう。

▶各設問を解き，解答欄に答えを書き込みましょう。

▶答え合わせ・採点をしてください。解説をよく読み，理解を深めましょう。

▶英文の構造を学び，訳を確認しましょう。語句リストで単語も確認しましょう。

　学習を開始する前に，著者による「**ガイダンス動画**」を視聴して，**本書の効率的な活用法**や**復習の方法**をチェックしましょう。「ガイダンス動画」は，右の QR コードをスマートフォンなどで読み取ることで視聴できます。

▼ガイダンス動画

　❶から❹まで一通り終わったら，本書付属の**音声**や「**音読動画**」「**リスニング動画**」で復習しましょう。音読をするときは，ただ機械のように読み上げても意味がありません。**正しい発音を意識**して，**文の内容を理解**しながら音読すると効果が高まります。「音読動画」ではネイティブの口元も確認できるので，真似して発音してみましょう。ぜひ楽しみながら，繰り返し練習してくださいね。

● 本書で使用する記号 ●

S ＝主語　　V ＝動詞（原形）　　O ＝目的語　　C ＝補語
※従属節の場合は S′ V′ O′ C′ を使用。

SV ＝文・節（主語＋動詞）　　Vp ＝過去形　　Vpp ＝過去分詞
Ving ＝現在分詞 or 動名詞　　to V ＝不定詞

～ ＝名詞　　... ／ … ＝形容詞or 副詞　　..... ＝その他の要素（文や節など）

[　] ＝言い換え可能　※英文中の [ ] の場合　　　(　) ＝省略可能　※英文中の ( ) の場合
A ／ B ＝対になる要素（品詞は関係なし）　　①②③ など ＝同じ要素の並列
O(A) O(B) ＝第4文型（S V O(A) O(B)）の目的語

[　] ＝名詞（のカタマリ）　　　　　□ ＝修飾される名詞（のカタマリ）
＜ ＞ ＝形容詞（のカタマリ）・同格　　(　) ＝副詞（のカタマリ）

音声・動画の使い方

音声について

すべての問題文（英文）の読み上げ音声を聞くことができます。複数のナレーター（アメリカ人／イギリス人／インド人）による音声を収録しました。音声ファイルの名称は下記のようにつけられています。

01 LV6 Lesson01 USA.mp3
トラック名　レベル　　レッスン　　ナレーターの国籍

USA =アメリカ人（全レッスン）
UK =イギリス人（奇数レッスン）
INDIA =インド人（偶数レッスン）

音声の再生方法

1 **ダウンロードして聞く** (PC，スマートフォンをお使いの場合)

「東進WEB書店 (https://www.toshin.com/books/)」の本書ページにアクセスし，パスワード「5RwbLV63T」を入力してください。mp3形式の音声データをダウンロードできます。

2 **ストリーミング再生で聞く** (スマートフォンをお使いの場合)

右のQRコードを読み取り，「書籍音声の再生はこちら」ボタンを押してパスワード「5RwbLV63T」を入力してください。

※ストリーミング再生は，パケット通信量がかかります。

動画について

本書には，「音読動画」「リスニング動画」の2種類の動画が収録されています。

音読動画：チャンクごとにリピーティングを行う動画です（出演：ニック・ノートン先生）。「**耳アイコン**」が表示されているときはネイティブの発音を聞き，「**話すアイコン**」が表示されているときはネイティブを真似して発音しましょう。

リスニング動画：本文のスクリプト付きの音声動画です。**オーバーラッピング**（スクリプトを見ながら音声と同時に発音する），**シャドーイング**（音声を追いかけるように発音する）などで活用してください。

動画の再生方法

右のQRコードを読み取ると，それぞれの専用ページにアクセスできます。Lesson00（各動画の使い方説明）とLesson01〜10が一覧になっているので，学習したいレッスンのURLを選んで視聴してください。

▼音読動画　　▼リスニング動画

構造確認の記号

［名詞］の働きをするもの

▶名詞の働きをする部分は［　　］で囲む。

🔳 動名詞

[Eating too much] is bad for your health.
［食べ過ぎること］は健康に悪い。

My sister is very good at [singing *karaoke*].
私の姉は［カラオケを歌うこと］がとても上手だ。

🔳 不定詞の名詞的用法

Her dream was [to become a novelist].
彼女の夢は［小説家になること］だった。

It is difficult [to understand this theory].
［この理論を理解すること］は難しい。

🔳 疑問詞＋不定詞

Would you tell me [how to get to the stadium]?
［どのようにして競技場へ行けばよいか］を教えていただけますか。

I didn't know [what to say].
私は［何と言ってよいのか］わからなかった。

🔳 that節「ＳがＶするということ」

I think [that he will pass the test].
私は［彼がテストに合格するだろう］と思う。

It is strange [that she hasn't arrived yet].
［彼女がまだ到着していないというの］は奇妙だ。

🔳 if節「ＳがＶするかどうか」

I asked her [if she would attend the party].
私は彼女に［パーティーに出席するかどうか］を尋ねた。

It is doubtful [if they will accept our offer].
［彼らが私たちの申し出を受け入れるかどうか］は疑わしい。

🔳 疑問詞節

Do you know [where he comes from]?
あなたは［彼がどこの出身であるか］知っていますか。

I don't remember [what time I left home].
私は［何時に家を出たか］覚えていません。

🔳 関係代名詞の what 節

I didn't understand [what he said].
私は［彼が言うこと］を理解できなかった。

[What you need most] is a good rest.
［君に最も必要なもの］は十分な休息だ。

＜形容詞＞の働きをするもの

▶形容詞の働きをする部分を＜　　＞で囲み，修飾される名詞を￣￣で囲む。

🔳 前置詞＋名詞

What is the population ＜of this city＞?
＜この市の＞人口 はどのくらいですか。

Look at the picture ＜on the wall＞.
＜壁に掛かっている＞絵 を見なさい。

🔳 不定詞の形容詞的用法

Today I have a lot of work ＜to do＞.
今日私は＜するべき＞たくさんの仕事 がある。

Some people have no house ＜to live in＞.
＜住むための＞家 を持たない人々もいる。

🔳 現在分詞

The building ＜standing over there＞ is a church.
＜向こうに建っている＞建物 は教会です。

A woman ＜carrying a large parcel＞ got out of the bus.
＜大きな包みを抱えた＞女性 がバスから降りてきた。

🔳 過去分詞

This is a shirt ＜made in China＞.
これは＜中国で作られた＞シャツ です。

Cars ＜parked here＞ will be removed.
＜ここに駐車された＞車 は撤去されます。

🔳 関係代名詞節

Do you know the man ＜who is standing by the gate＞?
あなたは＜門のそばに立っている＞男性 を知っていますか。

Is this the key ＜which you were looking for＞?
これが＜あなたが探していた＞鍵 ですか。

A woman ＜whose husband is dead＞ is called a widow.
＜夫が亡くなっている＞女性 は未亡人と呼ばれる。

🔳 関係副詞節

Do you remember the day ＜when we met for the first time＞?
＜私たちが初めて出会った＞日 をあなたは覚えていますか。

Kyoto is the city ＜where I was born＞.
京都は＜私が生まれた＞都市 です。

＜同格＞の働きをするもの

▶同格説明の部分を＜　＞で囲み，説明される名詞を□で囲む。

1 同格の that 節

We were surprised at the news <that he entered the hospital>.
＜彼が入院したという＞知らせ に私たちは驚いた。

There is little chance <that he will win>.
＜彼が勝つという＞見込み はほとんどない。

2 カンマによる同格補足

Masao , <my eldest son>, is finishing high school this year.
＜私の長男である＞マサオ は，今年高校を卒業する予定です。

I lived in Louisville , <the largest city in Kentucky>.
私は＜ケンタッキー州最大の都市である＞ルイビル に住んでいた。

（副詞）の働きをするもの

▶副詞の働きをする部分を（　）で囲む。

1 前置詞＋名詞

I met my teacher (at the bookstore).
私は（本屋で）先生に会った。

I listened to music (over the radio).
私は（ラジオで）音楽を聞いた。

2 分詞構文（Ving）

(Preparing for supper), she cut her finger.
（夕食の準備をしていて）彼女は指を切った。

(Having read the newspaper), I know about the accident.
（新聞を読んだので）その事故については知っている。

3 受動分詞構文（Vpp）

(Seen from a distance), the rock looks like a human face.
（遠くから見られたとき）その岩は人間の顔のように見える。

(Shocked at the news), she fainted.
（その知らせを聞いてショックを受けたので）彼女は卒倒した。

4 従属接続詞＋Ｓ V

(When I was a child), I went to Hawaii.
（子供の頃に）私はハワイへ行った。

I didn't go to the party (because I had a cold).
（かぜをひいていたので）私はパーティーに行かなかった。

5 不定詞の副詞的用法

I was very surprised (to hear the news).
私は（その知らせを聞いて）とても驚いた。

(To drive a car), you have to get a driver's license.
（車を運転するためには）君は運転免許を取らねばならない。

特殊な記号

1 主節の挿入 { }

Mr. Tanaka, {I think}, is a good teacher.
田中先生は良い教師だと {私は思う}。

His explanation, {it seems}, doesn't make sense.
彼の説明は意味をなさない {ように思える}。

2 関係代名詞主格の直後の挿入 { }

He has a son who {people say} is a genius.
彼は天才だと {人々が言う} 息子を持っている。

Do what {you think} is right.
正しいと {あなたが思う} ことをしなさい。

3 関係代名詞の as 節（ ）

＊これは副詞的感覚で使用されるため，本書ではあえて（　）の記号を使用しています。

(As is usual with him), Mike played sick.
（彼には普通のことだが）マイクは仮病を使った。

He is from Kyushu, (as you know from his accent).
（あなたが彼のなまりからわかるとおり），彼は九州出身です。

もくじ ⊕学習記録

＊問題を解いたあとは得点と日付を記入し，付属の音声を聴いたり，「音読動画」「リスニング動画」を視聴したりして繰り返し復習しましょう。

＊本書に収録している英文は，入試に使用された英文を使用しているため，出題者のリライトなどにより，原典と異なる場合があります。

LV6
STAGE-1

Lesson 01
LEVEL-6
問題文

単 語 数 ▶ 319 words
制限時間 ▶ 20 分
目標得点 ▶ 40 / 50点
DATE

■次の英文を読み，あとの設問に答えなさい。

The Victorians were witnesses to (A)a remarkable social revolution. Never before had science so publicly altered the ways in which individuals viewed their common world. Never before had centers of culture and education been (1) with such a vast new body of knowledge. Not only did scientific interests promote a variety of new educational institutions, academic faculties, and professional societies, but science also found public expression in the popular lecture series of scientists like Michael Faraday, William Carpenter, John Tyndall, and Thomas Huxley. Such lecture series, which for young scientists like Huxley and Tyndall were important sources of income and reputation, were (2) efforts to educate the public of all classes and occupations, from artisan to academic. And the public flocked to such presentations, showing great enthusiasm for science and its applications.

Museums and public exhibitions made science visible in still other ways. New establishments like the National History Museum at South Kensington, London, displayed a dazzling array of unfamiliar objects assembled from every corner of the world and introduced the important, (3) relatively simple, innovation of providing accurate explanations and descriptions. This innovation, which transformed the museum from a private reserve of (B)curiosities into a center of public education, made institutions like the Museum of Practical Geology on Jermyn Street in Piccadilly into valuable tools for scientific instruction. Highly appropriate to the (C)growing urban demand for public entertainment, these institutions expressed the Victorian (D)passion for practical education and self-improvement.　In like $_{(E)}$manner, the public

exhibition was a popular source of instruction and entertainment, often

25　presented as spectacle.　The Great Exhibition of 1851 in Hyde Park, a personal

project of Prince Albert, was a world event which drew Sunday crowds in the

tens of thousands.　Opened by Queen Victoria herself in Joseph Paxton's great

Crystal Palace, which （　4　）, this event linked science, technology,

commerce, and government with the material and imperial aspirations of the

30　British.

【出題：早稲田大学(教育)】

設問

(1) 下線部(A)の意味に最も近いものを，次の選択肢の中から 1 つ選びなさい。

1 The old social leadership suddenly fell, and a new one came to power.

2 Science and scientific knowledge rapidly changed society and people's world view.

3 Many young scientists came to prominence by giving lectures and went on to dominate the world of science.

4 Newly built museums and public exhibitions gradually changed the outlook of the country.

5 More and more people went to institutions of higher education in order to study science.

(2) （ 1 ）に当てはまる最も適切なものを，次の選択肢の中から 1 つ選びなさい。

1 confused **2** confirmed **3** contrasted
4 contested **5** confronted

(3) （ 2 ）に当てはまる最も適切なものを，次の選択肢の中から 1 つ選びなさい。

1 calculate **2** to calculate **3** calculating
4 calculated **5** calculation

(4) （ 3 ）に当てはまる最も適切なものを，次の選択肢の中から 1 つ選びなさい。

1 if **2** when **3** as
4 because **5** even

(5) 下線部(B)の意味に最も近いものを，次の選択肢の中から 1 つ選びなさい。

1 interests **2** desires to learn **3** treasures
4 rare or novel things **5** scientific inventions

(6) 下線部(C)の意味に最も近いものを，次の選択肢の中から 1 つ選びなさい。

1 becoming **2** living **3** existing
4 maturing **5** increasing

(**7**) 下線部(D)の意味に最も近いものを，次の選択肢の中から 1 つ選びなさい。

1 suffering　　　**2** enthusiasm　　　**3** longing

4 sympathy　　　**5** inquiry

(**8**) 下線部(E)の意味に最も近いものを，次の選択肢の中から 1 つ選びなさい。

1 fashion　　　**2** behavior　　　**3** habit

4 acting　　　**5** respect

(**9**) （ 4 ）に次の語を並べ替えて入れるとき，3 番目に来る語を，次の選択肢の中から 1 つ選びなさい。

1 acres　　　**2** covered　　　**3** more

4 nineteen　　　**5** than

(**10**) この英文のタイトルとして最も適切なものを，次の選択肢の中から 1 つ選びなさい。

1 A Remarkable Social Revolution: Prince Albert and the Great Exhibition of 1851

2 A Remarkable Social Revolution: Science and the Imperial Aspirations of the British

3 Witnesses to History: Social Revolutions in the Victorian Period

4 The Victorians and Science: Education and Entertainment

5 The Victorians and Science: The National History Museum and the Crystal Palace

解　答　用　紙			
(1)		**(2)**	
(3)		**(4)**	
(5)		**(6)**	
(7)		**(8)**	
(9)		**(10)**	

Lesson 01
解答・解説

(1) 　　下線部は，続く次の文以降で述べられている，科学と科学的知識がその時代の人たちに大きな変化をもたらしたことを，一言で表した表現であることに着目する。

1 古い社会のリーダーシップが突然失脚し，新しいリーダーシップが権力を持つようになった。

→下線部の「社会変革」は，**第1段落**第3文より，**文化と教育の分野でおこった変革**を指しているとわかる。政治体制の変動という意味での変革を述べているわけではない。

② 科学と科学的知識は，社会と人々の世界観を急速に変えた。

→**第1段落**の内容に一致する。

3 多くの若い科学者たちは，講義をすることによって有名になり，科学の世界を支配するようになった。

→本文に，後半部分に該当する記述はない。

4 新しく建てられた博物館や公的な展覧会は，その国の展望を徐々に変えた。

→本文に，国の展望について述べられた記述はない。

5 ますます多くの人たちが，科学を勉強するために高等教育機関へと足を運んだ。

→**第2段落**にある博物館や公的な展覧会などの記述から，公的な教育の場は高等教育機関に限らないことがわかる。

(2) **1** 混乱して　　　　　**2** 確認されて　　　　**3** 対比されて
4 争われて　　　　　**⑤** 直面して

▶空所直後の「大量の新しい知識群」に結び付くものを選ぶ。文脈も考慮すれば，**5** を当てはめて be confronted with ～（～に直面する［している］）とするのが適切だとわかる。

(3) **1** 計算する　　　　　**2** 計算すること　　　**3** 計算している
④ 計算された　　　　**5** 計算

▶空所直後に名詞 efforts があることから，空所には形容詞の働きをするものが入ると考えられる。また，空所を含む文は，Such lecture series を主語とする第2文型の文なので，空所以降は主語を説明する C（補語）である。この関係から，**4** が正解であると判断できる。

（4）　空所直前の important はプラスイメージを持つ形容詞であり，空所の後にある simple は，ややマイナスイメージを持つ形容詞である。このことから考えれば，空所には譲歩の意味を持つ **1** が入ることがわかる。(even) if (**代名詞** +be **動詞**) + **形容詞**は「たとえ…だけれども」という意味。

（5）　　**1**　利益　　　　　　　　**2**　学ぶという願望　　　**3**　貴重品
　　　　④　珍しい，あるいは奇抜なもの　　　　　　　　**5**　科学的な発明品
　　▶下線部が複数形になっている可算名詞であることに注目する。curiosity は，可算名詞で「珍奇なもの，骨董品」，不可算名詞で「好奇心」となる。よって，**4** が正解。「珍奇なもの，骨董品」が必ずしも貴重品というわけではないので **3** は不適切。

（6）　　**1**　似合っている　　　　**2**　生きている　　　　**3**　既存の
　　　　4　成熟している　　　⑤　増している
　　▶下線部は「増す」の意味で用いられていることから，**5** が正解。直後の urban demand（都会の需要）という言葉からも下線部の意味を類推することができる。

（7）　　**1**　苦痛　　　　　　　②　熱狂　　　　　　　**3**　願望
　　　　4　思いやり　　　　　**5**　質問
　　▶ passion（〔激しい〕情熱）なので，**2** が正解。

（8）　①　やり方　　　　　　　**2**　ふるまい　　　　　**3**　習慣
　　　　4　行為　　　　　　　**5**　尊敬
　　▶ここでは，manner（やり方）の意味で用いられている。この意味の manner は，同じ意味の way や fashion で書き換えることができる。よって，**1** が正解。

（9）　「covered more than nineteen acres (**2 → 3 → 5 → 4 → 1**)」が正解。直前の which は，Joseph Paxton's great Crystal Palace を先行詞とする**非制限用法の関係代名詞**であることをヒントに，並べ替えれば良い。

1 目覚ましい社会変革：アルバート王子と 1851 年の大博覧会

　　　→後半が局部的すぎるため，タイトルとして適していない。

　2 目覚ましい社会変革：科学とイギリス人の帝国的野望

　　　→後半が局部的すぎるため，タイトルとして適していない。

　3 歴史の証人：ヴィクトリア朝時代の社会変革

　　　→本文は「科学」がヴィクトリア朝時代の人々へ与えた影響を述べているので，社会変革では内容が科学にとどまらず漠然としすぎている。よって，タイトルとして適していない。

　④ ヴィクトリア朝時代の人々と科学：教育と娯楽

　　　→本文全体をまとめた表現になっているので，タイトルとして適している。

　5 ヴィクトリア朝時代の人々と科学：自然史博物館と水晶宮

　　　→後半が局部的すぎるため，タイトルとして適していない。

正　解			
(1) (5点)	2	(2) (4点)	5
(3) (4点)	4	(4) (4点)	1
(5) (5点)	4	(6) (5点)	5
(7) (5点)	2	(8) (5点)	1
(9) (7点)	5	(10) (6点)	4

得点	（1回目）　／50点	（2回目）	（3回目）	CHECK YOUR LEVEL	0〜30点 ➡ Work harder! 31〜40点 ➡ OK! 41〜50点 ➡ Way to go!

構造確認

❶ The Victorians were witnesses <to a remarkable social revolution>.
　　S　　　　　V　　C
■1 (Never before) had science (so publicly) altered the ways <in which
　　　　　　　　　　　S　　　　　　　　　V　　O
individuals viewed their common world>. (Never before) had centers <of
　S'　　　V'　　O'　　　　　　　　　　　　　　　　V　　S
culture and education> been confronted with such a vast new body <of
　　　　　　　　　　　　　V　　　　　　O
knowledge>. Not only did scientific interests promote a variety of new
　　　　　　　　　　　　S　　　　　V　　O
educational institutions, academic faculties, and professional societies, but
science (also) found public expression (in the popular lecture series <of
　S　　　　　V　　O
scientists <like Michael Faraday, William Carpenter, John Tyndall, and
Thomas Huxley>>). ❷ Such lecture series, <which (for young scientists <like
　　　　　　　　　　　　S
Huxley and Tyndall>) were important sources <of income and reputation>>,
　　　　　　　　　　　V'　　C'
were calculated efforts <to educate the public <of all classes and
V　　C
occupations, <from artisan to academic>>>. And the public flocked (to such
　　　　　　　　　　　　　　　　　　　　S　　　V
presentations), (showing great enthusiasm <for science and its
applications>).

構文解説

■1 文頭に否定の副詞（句・節）を置くと，その後ろはＶＳ（＝疑問文と同じ語順）になる。この文の通常の語順はＳ［Science］Ｖ［had never altered］〜 before. である。この never と before を合わせて文頭に置くと，後ろはＶ（had）＋Ｓ＋ altered 〜. となる。

■2 文全体は，Ｓ［Such lecture series］were Ｃ［calculated 〜］. の構造。which 〜 reputation はＳに補足説明を加える非制限用法の関係詞節。その節中では which がＳ'，were がＶ'。to educate 以下は efforts を修飾する形容詞的用法の不定詞。from 〜 academic は前の名詞句 all 〜 occupations に補足説明を加えている。

【和訳】

❶ ヴィクトリア朝時代の人々は，目覚ましい社会変革の証人であった。科学が共通世界に対する個人の見方をその時代ほど公然と変化させた時代は，それまでに一度もなかった。文化と教育の中枢がその時代ほど大量の新しい知識群に直面したこともなかった。科学的関心が多種多様な新しい教育機関や大学の学部や専門家組織の成立を促しただけでなく，科学はまたマイケル・ファラデー，ウィリアム・カーペンター，ジョン・ティンダル，トマス・ハクスリーらの科学者による人気のある連続講義として公に発表された。そうした連続講義は，ハクスリーやティンダルのような若い科学者たちにとっては収入と名声の重要な源であり，職人から学者に至るすべての階級と職業の大衆を教育するための計画的な努力でもあった。そして大衆はそのような講義に集い，科学とその応用に大きな熱意を示した。

重要語句リスト

Lesson 01

❶
- [ ] Victorian ⓝ ヴィクトリア朝時代の人
- [ ] witness ⓝ 証人
- [ ] remarkable ⓐ 顕著な
- [ ] social ⓐ 社会の，社会的な
- [ ] revolution ⓝ 変革，革命
- [ ] publicly ⓐ 公的に
- [ ] alter ⓥ ～を変える
- [ ] individual ⓝ 個人
- [ ] view ⓥ ～を見る
- [ ] common ⓐ 共通の，ありふれた
- [ ] center ⓝ 中心地
- [ ] culture ⓝ 文化
- [ ] education ⓝ 教育
- [ ] be confronted with ～ ⓔ ～に直面する [している]
- [ ] vast ⓐ 広大な
- [ ] a body of ～ ⓔ ～の集まり
- [ ] knowledge ⓝ 知識
- [ ] not only A but also B ⓔ A だけでなく B も
- [ ] scientific ⓐ 科学的な
- [ ] interest ⓝ 関心，興味
- [ ] promote ⓥ ～を促進する
- [ ] a variety of ～ ⓔ 多様な～
- [ ] educational ⓐ 教育の
- [ ] institution ⓝ 機関，制度
- [ ] academic faculty ⓝ 大学の学部
- [ ] professional society ⓝ 専門家組織
- [ ] expression ⓝ 表現
- [ ] popular ⓐ 人気のある
- [ ] lecture series ⓝ 連続講義
- [ ] like ⓟ ～のような
- [ ] source ⓝ 源
- [ ] income ⓝ 収入
- [ ] reputation ⓝ 評判，世評
- [ ] calculated ⓐ 計画的な，計算された
- [ ] effort ⓝ 努力
- [ ] educate ⓥ ～を教育する
- [ ] the public ⓝ 大衆
- [ ] class ⓝ 階級
- [ ] occupation ⓝ 職業
- [ ] artisan ⓝ 職人
- [ ] from A to B ⓔ A から B（に至る）まで
- [ ] academic ⓝ 学者
- [ ] flock ⓥ 集まる
- [ ] presentation ⓝ 講演，説明
- [ ] enthusiasm ⓝ 熱中
- [ ] application ⓝ 応用，適用

❷ <u>Museums and public exhibitions</u> <u>made</u> <u>science</u> <u>visible</u> (in (still) other ways). ⒖
　S　　　　　　　　　　　　　　 V 　　O　　　 C

❸ <u>New establishments</u> <like the National History Museum <at South
S

Kensington, London>>, <u>displayed</u> <u>a dazzling array of unfamiliar objects</u>
　　　　　　　　　　V① 　　　　 O①

<assembled (from every corner of the world)> and <u>introduced</u> <u>the important,</u>
　　　　　　　　　　　　　　　　　　　　　　　　　V② 　　　O②

<u>(if relatively simple), innovation</u> <of [providing accurate explanations and

descriptions]>. <u>This innovation</u>, <which <u>transformed</u> <u>the museum</u> (from <u>a</u> ⒛
　　　　　　　　　 S 　　　　　　 V′　　　　 O′

<u>private reserve</u> <of curiosities> into <u>a center</u> <of public education>)>, <u>made</u>
　　　　　　　　　　　　　　　　　　　　　　　　　　　　　　　　　　　　 V

<u>institutions</u> <like the Museum of Practical Geology <on Jermyn Street <in
O　　　　　　　　　　　　　　　　　　　　　　　　　　　　　　 **❹**

Piccadilly>>> (into <u>valuable tools</u> <for scientific instruction>). (Highly

appropriate (to the growing urban demand <for public entertainment>)),

<u>these institutions</u> <u>expressed</u> the Victorian passion <for practical education and ㉕
S 　　　　　　　 V 　　　　　 O

self-improvement>. (In like manner), <u>the public exhibition</u> <u>was</u> <u>a popular</u>
　　　　　　　　　　　　　　　　　　　　　　 S　　　　　 V 　 C

<u>source</u> <of instruction and entertainment>, ((often) presented (as spectacle)).

<u>The Great Exhibition of 1851 in Hyde Park</u>, <<u>a personal project</u> <of Prince
S

Albert>>, <u>was</u> <u>a world event</u> <which <u>drew</u> <u>Sunday crowds</u> (in the tens of
　　　 V　 C 　　　　　　　　 V′　　 O′

thousands)>. (Opened (by Queen Victoria (herself) (in <u>Joseph Paxton's great</u> ㉚

<u>Crystal Palace</u>, <which <u>covered</u> <u>more than nineteen acres</u>>))), <u>this event</u> <u>linked</u>
　　　　　　　　　　　 V′　　　　 O′　　　　　　　　　　　 S 　　　 V

<u>science, technology, commerce, and government</u> (with the material and
O

<u>imperial aspirations</u> <of the British>).

----

❸ 文全体は, S [New establishments 〜] V1 [displayed 〜] and V2 [introduced 〜].「S は
　　〜を展示し, 〜を導入した」の構造。assembled 〜 world は前の名詞句 a dazzling 〜
　　objects を修飾する過去分詞句。the innovation of 〜 ing は「〜するという新機軸」の意味。
　　important, if relatively simple は「比較的単純ではあるが重要な」の意味。この if は A, if B
　　の形で使い (A・B は主に形容詞), 好ましい内容の A に軽いただし書きとして B を加える
　　働きをする。

❹ カンマの前は, S [these institutions] に対する前置き。These institutions, (which were)
　　<u>highly appropriate 〜 entertainment</u>, expressed 〜. という文をもとにして, 下線部を前に
　　出した形と考えられる。

❷ 博物館と公的な展覧会は，さらに別の形で科学を目に見えるものにした。ロンドンのサウス・ケンジントンにある自然史博物館のような新たな施設が，世界各地から集められた目もくらむばかりのずらりと並んだ見慣れない品々を展示し，正確な説明と記述を提供するという比較的単純だが，重要な新制度を導入した。この新制度は，博物館を珍しいものの私的な保管場所から公的な教育の中心施設へと変化させ，ピカデリーのジャーミン通りにある地質学博物館のような施設を科学教育のための貴重な手段にした。大衆向けの娯楽に対する都会の需要の高まりに極めてふさわしく，これらの施設は実用教育と自己修練へのヴィクトリア朝の情熱を表していた。同様に，公的な展覧会は教育と娯楽の人気の高い源泉であり，しばしば見世物として公開された。1851 年にハイドパークで開かれた大博覧会は，アルバート王子の個人的な企画であったが，日曜日ごとに何万人もの群衆を引き寄せる世界的行事だった。19 エーカー以上の敷地を持つジョセフ・パクストンの大水晶宮でヴィクトリア女王自身によって開かれたこの行事は，科学，科学技術，通商，政治と，英国人の物質的，帝国的野望とを結びつけるものであった。

❷

museum	名 博物館
exhibition	名 展覧会，展示
make O C	動 O を C にする
visible	形 目に見える
still	副 さらに，今もなお
other	形 別の，他の
establishment	名 施設，設立
display	動 ～を展示する
dazzling	形 目もくらむばかりの
a ... array of ～	熟 …のずらりと並んだ～
unfamiliar	形 見慣れない
object	名 もの，物体
assemble	動 ～を集める
from every corner of the world	熟 世界各地から
introduce	動 ～を導入する，～を紹介する
relatively	副 比較的
simple	形 単純な
innovation	名 新制度，革新
provide	動 ～を提供する，～を供給する
accurate	形 正確な
explanation	名 説明
description	名 記述，描写
private	形 私的な，個人的な
reserve	名 貯蔵品，蓄え
curiosity	名 珍奇なもの，骨董品
transform ～ from A into B	熟 ～を A から B へ変形する
make A into B	熟 A を B にする
valuable	形 貴重な
tool	名 手段，道具
instruction	名 教育，教授
highly	副 非常に
(be) appropriate to ～	熟 ～にふさわしい
grow	動 増す
urban	形 都会の
demand for ～	熟 ～に対する需要
entertainment	名 娯楽
express	動 ～を表す，～を表現する
passion for ～	熟 ～への情熱
self-improvement	名 自己修練 [修養]
in like manner	熟 同様に
present A as B	熟 A を B として示す
spectacle	名 見世物
personal	形 個人的な
project	名 企画
draw	動 ～を引きつける
crowd	名 群衆
in the tens of thousands	熟 何万も
cover	動 ～の範囲に渡る，～を覆う
acre	名 エーカー（面積の単位）
link A with B	熟 A と B を結びつける
technology	名 科学技術
commerce	名 通商，商業
government	名 政治，政府
material	形 物質的な
imperial	形 帝国の
aspiration	名 大志，熱望
the British	名 英国人

END

LEVEL-6

Lesson 02
問題文

単 語 数 ▶ 348 words
制限時間 ▶ 15 分
目標得点 ▶ 40 / 50点

DATE

■次の英文を読み，あとの設問に答えなさい。

During his visit to Washington in late 1969, (A)Japanese Prime Minister Sato Eisaku used his appearance before the National Press Club to assess the status of U.S.-Japan relations and to sketch a plan for Japan's participation in the creation of a "new Pacific age." (B)The moment seemed especially appropriate for visionary thinking. The previous year had been a jarring one for the Pacific alliance, and it appeared that U.S.-Japan relations were entering another difficult period of adjustment.

Sato made it clear that (C)alliance with the United States remained the keystone of Japanese policy. He predicted, however, that Japan would be more active in using its economic resources and technological prowess to help its neighbors peacefully develop and prosper. As historian Akira Iriye has noted, (D)Sato was subtly redefining American-Japanese relations. According to Sato, the two countries, which had little in common racially or historically, were (E) to see if they could cooperate in creating a "new world order."

As Sato implied, history offered little encouragement to those who sought to fashion a permanent and stable U.S.-Japan alliance. (F)Nevertheless, the alliance, which was in its seventeenth year when Sato spoke, has survived to see its golden anniversary. In the intervening years the Cold War abruptly ended and the Soviet Union even more abruptly collapsed. (G)The stated purpose for the alliance had vanished. And yet the alliance persisted.

Bureaucratic inertia almost certainly has something to do with the alliance's continuation after the end of the Cold War. But bureaucratic interest offers at best an incomplete answer to those who wonder at the alliance's

(H). More important, (1)such an explanation distorts the record by
treating the alliance's accomplishments as a predictable result. Even a cursory
investigation would show that during the previous five decades there have
been numerous occasions when informed observers on either side of the
Pacific felt uneasy about predicting the alliance's future. Instead of taking the
persistence of the alliance for granted, a more historically sensitive approach
would center on the question: How does one explain the (J) of the
alliance?

【出題：上智大学(法)】

(A) Choose the one closest in meaning.

1 He took advantage of the opportunity.

2 He rejected the opportunity.

3 He took in the occasion.

4 He took on the responsibility.

(B) Why did the occasion require "visionary thinking?"

1 Prime ministers usually disclose their visions at such press conferences.

2 Sato was noted for his style of making visionary speeches.

3 Sato made his speech right after the talks with the U.S. President.

4 It seemed the Pacific alliance would not seem to last without some change.

(C) Choose the one closest in meaning.

1 The alliance needs to be supplemented with a stronger institution.

2 The alliance occupies the central place in Japanese policy.

3 The alliance is not an urgent issue in Japanese policy.

4 The alliance is not going to be limited to the U.S.

(D) Choose the best interpretation in this context.

1 Sato was at a loss for the proper conditions for the continuation of the Pacific alliance.

2 In fact, Sato was reluctant to take the initiative in creating a new world order in the Pacific Asia region.

3 Sato was attempting to change U.S.-Japan relations.

4 For all we know, Sato was too simple to be able to make any credible proposals to the people on both sides of the Pacific.

(E) Which is the best one to fill the blank with?

1 never   **2** about   **3** apt   **4** worthy

(F) Choose the best alternative.

1 Despite the fact that Sato implied no difficulty,

2 In spite of many historical speculations pointing to success,

3 Though past events suggested otherwise,

4 No matter what may be the prospects,

(G) Choose the best alternative.

1 The alliance was originally designed for the Cold War.

2 The alliance had lost its advocates in the meantime.

3 The alliance no longer appealed to the public.

4 The alliance would have survived its original goal.

(H) Which is the best alternative for the blank?

1 inertia　　**2** defects　　**3** failure　　**4** longevity

(I) Which is the best interpretation?

1 The alliance's accomplishments were often outdated.

2 The alliance's accomplishments were not treated fairly by many.

3 The alliance's accomplishments were not always easy to achieve.

4 The alliance's accomplishments were supported by ample records.

(J) Choose the best item.

1 incident　　**2** reason　　**3** survival　　**4** idea

解　答　用　紙			
(A)		(B)	
(C)		(D)	
(E)		(F)	
(G)		(H)	
(I)		(J)	

(A) 最も意味の近いものを選びなさい。

① 彼はその機会を利用した。　　**2** 彼はその機会を拒絶した。

3 彼はその機会を受け入れた。　　**4** 彼はその責任を負った。

▶下線部は「日本の総理大臣佐藤栄作はナショナル・プレス・クラブでの記者会見の場を利用した」が文意。use（〜を利用する）という意味から，**1** が正解と判断できる。

(B) その時「先見性のある考え」を必要としたのはなぜか？

1 総理大臣は通常，そのような記者会見で自分たちの心に描く像を発表する。

2 佐藤は将来を見通した演説の仕方で注目されていた。

3 佐藤はアメリカ大統領との会談の直後に演説をした。

④ 何らかの変化がなければ，太平洋同盟は続かないように思えた。

▶下線部直後の文で「その前年は太平洋同盟にとって不安定な年であり，日米関係はもう1つの調整の困難な時期に入りつつあるように思われた」と下線部の理由を説明していることから，**4** が正解と判断できる。

(C) 最も意味の近いものを選びなさい。

1 同盟はよりしっかりとした組織で補強される必要がある。

② 同盟は日本の政策の中心を占める。

3 同盟は日本の政策において，急を要する問題ではない。

4 同盟はアメリカに限定されないであろう。

▶下線部は「米国との同盟が依然として日本の政策の要である」が文意。keystone（要石，中枢）という意味から，**2** が正解と判断できる。

(D) この文脈において，最も適切な解釈を選びなさい。

1 佐藤は太平洋同盟存続のための適切な条件にとまどっていた。

2 実際は，佐藤はアジア太平洋地域に新世界秩序を創る際，嫌々ながら主導権を握っていた。

③ 佐藤は日米関係を変えようとしていた。

4 私たちの知る限りでは，佐藤はあまりに単純すぎて，太平洋の両側の人たちに信頼される提案を何もすることができなかった。

▶下線部は「佐藤は日米関係を微妙に定義し直していた」が文意。redefine（〜を再定義する）という意味から，**3** が正解と判断できる。

(E) 空所に入れるのに，最も適切なものはどれか？

1 決して〜しない

② （まさに）〜しようとしている

3 〜しがちだ

4 〜する価値がある

▶空所を含む文の主語は，the two countries（両国）であり，「両国は，『新世界秩序』を創るうえで協力できるかどうかを確かめ（ **E** ）」となる。文脈から **2** が正解と判断できる。

(F) 置き換えるのに最も適切なものを選びなさい。

1 佐藤が困難はないとほのめかしたという事実にも関わらず，

2 成功を指し示す数多くの歴史的憶測にも関わらず，

③ 過去の出来事は違ったふうに示唆していたけれども，

4 見込みが何であろうとも，

▶ nevertheless（それにも関わらず）は，前文の内容に対して，**対比・逆接**の意味を持つ副詞である。したがって「それまでの歴史は，永続的で安定した日米同盟を創りあげることはほぼ不可能だとしていたけれども」という内容になる **3** が正解と判断できる。

(G) 置き換えるのに最も適切なものを選びなさい。

① その同盟は，もとは冷戦のために計画された。

2 その同盟は，その間に支持者を失ってしまった。

3 その同盟は，もはや一般の人々の心に訴えるものではなかった。

4 その同盟は，最初の目標を乗り越えて残存したであろう。

▶下線部は「言明された同盟の目的は消滅してしまった」が文意。同盟の目的が消滅してしまった理由は，前文から「冷戦は突然終結し，ソビエト連邦はさらに唐突に崩壊した」ためと判断できるので，**1** が正解とわかる。

(H) 空所に入れるのに，最も適切なものはどれか？

1 不活発　　　**2** 欠点　　　**3** 失敗　　　**④** 長寿

▶直前の文で，「官僚政治の鈍さが冷戦終結後の**同盟の継続**と何らかの関係があることは，ほぼ確実である」とあるのに対し，But で始まる空所を含む文では，「官僚政治の関心は，同盟の（ **H** ）を不思議に思う人々にとってはせいぜい不完全な答えを提供するものでしかない」と続いていることから，同盟の継続を言い換えている **4** が正解と判断できる。

(I)　最も適切な解釈はどれか？

1　その同盟の功績は，しばしば時代遅れとされた。

2　多くの人が，その同盟の功績を公平に扱わなかった。

③　その同盟の功績は，必ずしも簡単に達成されてきたとは限らない。

4　その同盟の功績は，豊富な記録によって確認された。

▶下線部が具体的にどのようなことを意味しているかは，直後の文に「簡単な調査をするだけでも〜同盟の未来を予測することに不安を感じたことが何度もあったことがわかるだろう」と書かれていることから，**3** が下線部の解釈として最も適切なものとわかる。

(J)　最も適切なものを選びなさい。

1　出来事　　　**2**　理由　　　**③**　存続　　　**4**　考え

▶1つの段落では，原則として1つのテーマに関して述べられる。**第4段落**第1文より，**第4段落**は「同盟の存続」に関して述べられている段落だとわかる。よって，**3** が最も適切。

正　解				
(A) (5点)	1		(B) (5点)	4
(C) (5点)	2		(D) (5点)	3
(E) (5点)	2		(F) (5点)	3
(G) (5点)	1		(H) (5点)	4
(I) (5点)	3		(J) (5点)	3

得点	（1回目） 　／50点	（2回目）	（3回目）	CHECK YOUR LEVEL	0〜30点 ➡ *Work harder!* 31〜40点 ➡ *OK!* 41〜50点 ➡ *Way to go!*

構造確認

❶ (During [his visit] <to Washington> <in late 1969>), [Japanese Prime
Minister] <Sato Eisaku> used [his appearance] <before the National Press
Club> (to assess [the status] <of U.S.-Japan relations>) and (to sketch [a plan]
<for [Japan's participation] <in [the creation] <of a "new Pacific age.">>>) The
moment seemed (especially) appropriate (for visionary thinking). The previous
year had been a jarring one (for the Pacific alliance), and it appeared [that
U.S.-Japan relations were entering [another difficult period] <of adjustment>].

❷ Sato made it clear [that [alliance] <with the United States> remained [the
keystone] <of Japanese policy>]. He predicted, (however), [that Japan would
be more active (in [using its economic resources and technological prowess]
(to help its neighbors (peacefully) develop and prosper))]. (As [historian]
<Akira Iriye> has noted), Sato was (subtly) redefining American-Japanese
relations. (According to Sato), [the two countries], <which had little (in
common) (racially or historically)>, were about to see [if they could cooperate
(in [creating a "new world order."])]

構文解説

1 S used O to do.「S は~するために O を利用した」の構造。S は Japanese ~ Eisaku, O
は his ~ Club。to do の部分は A and B の形になっている（A = to assess ~, B = to
sketch ~）。B の Japan's participation in the creation of ~は名詞構文で「日本が~を創
出することに参加すること」の意味。

2 He predicted that ~「彼は~と予言した」の that 節中は, Japan would be more active
in ~ing to do「日本は V するために~する点でより活動的になるだろう」。

【和訳】

❶ 1969 年末にワシントンを訪問した際，日本の総理大臣佐藤栄作はナショナル・プレス・クラブでの記者会見の場を利用して，日米関係の現状を評価すると共に，「太平洋新時代」の創出にあたっての日本の参加計画の概要を述べた。その時期は，先見性のある考えには特に適しているように思われた。その前年は太平洋同盟にとって不安定な年であり，日米関係はもう 1 つの調整の困難な時期に入りつつあるように思われたからである。

❷ 佐藤は，米国との同盟が依然として日本の政策の要<small>かなめ</small>であることを明確にした。しかし彼は，近隣諸国が平和な発展を遂げ，繁栄するのを援助するために，日本はより活発に経済資源と優れた科学技術力を使うことだろうと予言した。歴史家入江昭が述べたように，佐藤は日米関係を微妙に定義し直していた。佐藤によれば，人種的にも歴史的にもほとんど共通点を持たない両国は，「新世界秩序」を創るうえで協力できるかどうかをまさに確かめようとしていたのである。

重要語句リスト

❶

☐ Washington	名	ワシントン（米国の首都）
☐ late ~	形	~の末
☐ Prime Minister	名	総理大臣
☐ appearance	名	出演，出現
☐ the National Press Club		
	名	ナショナル・プレス・クラブ
☐ use ~ to V	熟	V するために~を使う
☐ assess	動	~を評価する，~を査定する
☐ status	名	現状，状態
☐ U.S.-Japan relations		
	名	日米関係
☐ sketch	動	~の概要を述べる
☐ participation in ~	熟	~への参加
☐ creation	名	創造
☐ new Pacific age	名	太平洋新時代
☐ (be) appropriate for ~		
	熟	~にふさわしい
☐ visionary	形	先見の明のある
☐ previous	形	前の
☐ jarring	形	不調和な
☐ Pacific alliance	名	太平洋同盟
☐ it appears that S V		
	熟	S は V するように思われる
☐ adjustment	名	調節

❷

☐ make it clear that S V		
	熟	S が V することを
		明らかにする
☐ keystone	名	要石，中枢
☐ policy	名	政策
☐ predict that S will V		
	熟	S が V するだろうと予言する
☐ active	形	活発な
☐ economic resources		
	名	経済資源
☐ technological prowess		
	名	優れた科学技術力
☐ help ~ V	熟	~が V するのを助ける
☐ peacefully	副	平和に
☐ develop	動	発展する，発達する
☐ prosper	動	繁栄する
☐ as S V	熟	S が V するように
☐ historian	名	歴史家
☐ subtly	副	微妙に，巧みに
☐ redefine	動	~を再定義する
☐ according to ~	熟	~によれば，~に応じて
☐ have ~ in common		
	熟	~を共有する
☐ racially	副	人種的に
☐ historically	副	歴史的に
☐ be about to V	熟	（まさに）V しようとしている，
		今にも V しそうである
☐ see if S V	熟	S が V するかどうかを
		確かめる
☐ cooperate	動	協力する
☐ order	名	秩序

❸ (As Sato implied), history offered little encouragement (to those <who sought [to fashion a permanent and stable U.S.-Japan alliance]>).
(Nevertheless), the alliance, <which was (in its seventeenth year (when Sato spoke))>, has survived (to see its golden anniversary). (In the intervening years) the Cold War (abruptly) ended and the Soviet Union (even more abruptly) collapsed. The stated purpose <for the alliance> had vanished. (And yet) the alliance persisted.

❹ Bureaucratic inertia (almost certainly) has something <to do (with the alliance's continuation <after the end of the Cold War>)>. But bureaucratic interest offers (at best) an incomplete answer (to those <who wonder (at the alliance's longevity)>). (More important), such an explanation distorts the record (by [treating the alliance's accomplishments (as a predictable result)]).
(Even) a cursory investigation would show [that (during the previous five decades) there have been numerous occasions <when informed observers <on either side of the Pacific> felt uneasy (about [predicting the alliance's future])>]. (Instead of taking the persistence <of the alliance> for granted), a more historically sensitive approach would center (on the question: <How does one explain the survival <of the alliance>?>)

---

❸ the alliance has survived to see ～. 「その同盟は存続して～を見た」の構造。to see は結果を表す副詞的用法の不定詞。see は「(時代や場所が)～を目撃する, ～の舞台となる」の意味。which ～ spoke は the alliance に補足説明を加える非制限用法の関係詞節。

❹ S would show that ～「S は～ということを示すだろう」に続く節中は, there have been S'「S' が(今までずっと)あった」の構造。この S' の後ろに, 関係副詞の when で始まる節が続いている。occasions when S″ V″ は「S″ が V″ する時[機会]」の意味。when 節中は, S″ felt uneasy about ～「S″ は～を不安に感じた」の構造。

❸ 佐藤が暗示したように，それまでの歴史は，永続的で安定した日米同盟を創りあげようとした人々にとって，励みになるようなものをほとんど提供してこなかった。それにも関わらず，佐藤が語った時点で17年目を迎えていた日米同盟は，その後も存続して50周年記念日を迎えた。その間の出来事として，冷戦は突然終結し，ソビエト連邦はさらに唐突に崩壊した。言明された同盟の目的は消滅してしまった。しかし，それでもなお同盟は存続した。

❹ 官僚政治の鈍さが冷戦終結後の同盟の継続と何らかの関係があることは，ほぼ確実である。しかし官僚政治の関心は，同盟の長期継続を不思議に思う人々にとってはせいぜい不完全な答えを提供するものでしかない。より重要なのは，そうした説明は同盟の功績を予測可能な結果として扱うことによって，記録を歪めてしまうことである。簡単な調査をするだけでも，過去50年の間に太平洋の両側にいる（日米双方の）情報通の観察者たちが，同盟の未来を予測することに不安を感じたことが何度もあったことがわかるだろう。同盟の存続を当然のことと考えるのではなく，より歴史に敏感な捉え方をしようとすれば，同盟がここまで存続してきたことをどう説明するのか，という問いに焦点を当てることになるだろう。

❸
imply	動	暗示する
encouragement	名	励みになるもの，励まし
those who V	熟	Vする人々
seek to V	熟	Vしようとする
fashion	動	～を創り出す
permanent	形	永続的な
stable	形	安定した
nevertheless	副	それにも関わらず
survive to V	熟	生き延びてVする
golden anniversary	名	50周年記念日
intervening	形	間の
the Cold War	名	冷戦
abruptly	副	突然
the Soviet Union	名	ソビエト連邦
even more ...	熟	さらにいっそう…
collapse	動	崩壊する
stated	形	言明［表明］された
vanish	動	消える
and [but] yet	熟	しかし
persist	動	存続する

❹
bureaucratic	形	官僚政治の，官僚的な
inertia	名	不活発，惰性
certainly	副	確かに
have something to do with ～	熟	～と何らかの関係がある
continuation	名	継続
at best	熟	せいぜい，よくても
incomplete	形	不完全な
wonder at ～	熟	～を不思議に思う
longevity	名	長寿
more important	熟	より重要なことには
distort	動	～を歪める
record	名	記録
by Ving	熟	Vすることによって
accomplishment	名	功績，業績
treat A as B	熟	AをBとして扱う
predictable	形	予測できる
result	名	結果
even	副	..... さえ
cursory	形	通り一遍の，ぞんざいな
investigation	名	調査
decade	名	10年間
numerous	形	非常に多い
occasion	名	時，場合
informed	形	情報に通じた，教養のある
observer	名	評者，観察者
on either side of ～	熟	～の両側に［の］
the Pacific	名	太平洋
uneasy	形	不安な
instead of Ving	熟	Vする代わりに
take ～ for granted	熟	～を当然のことと考える
persistence	名	存続
sensitive	形	敏感な
approach	名	取り組み方式，接近
center on ～	熟	～に集中する
survival	名	存続，生存

END

33

LEVEL-6

Lesson 03
問題文

03

単 語 数 ▶ **371** words
制限時間 ▶ **20** 分
目標得点 ▶ **40** ／50点

DATE

■次の英文を読み，あとの設問に答えなさい。

"Know yourself!" is Socrates' famous challenge. Yet can we really know ourselves?

Most people confuse "self-knowledge" with knowledge of their conscious selves. People measure their self-knowledge by what the average person in their social environment knows of himself or herself, not by the real psychological facts, which are for the most part hidden from them. In this (A)respect, the mind behaves like the body, of which the average person likewise knows very little; that is, we live in and with our bodies and yet are typically ignorant of their various organic structures. Just as we need to be instructed in anatomy, so must we also be (1) with the contents of the mind.

What is commonly called "self-knowledge" is therefore a very limited knowledge of what goes on in the mind, and it is dependent on, if not determined by, social factors. Hence, when it comes to any particular kind of unacceptable behavior, we tend to hold the (B)prejudice that *our* family, *our* relatives, *our* friends do not engage in it. We have equally illusory (C)assumptions about our virtues and principles, and these merely serve to cover up our truer nature.

Within our unconsciousness, which is (2) to conscious criticism and control, we stand defenseless, open to all kinds of influences, good but also bad. As with other dangers, we can guard against the risk of mental (D)infection only when we know what is attacking us.

Since self-knowledge is a matter of （　3　） to know the individual facts,

(a)（ **1** help / **2** of / **3** little / **4** theories / **5** are ）.　For the more a theory lays

claim to universal (E)validity, the less capable it is of doing justice to the

individual facts.　Any experimental theory is based on data, and that means it is

necessarily （　4　）, i.e., it formulates an ideal average which abolishes all

exceptions at both ends of the scale.　Those exceptions, though equally factual,

appear nowhere in the final result, as they （　5　） each other out.　If, for

instance, I determine the weight of each stone in a bed of pebbles and get an

average weight of 145 grams, this tells me very little about the real nature of

the pebbles.　Similarly, in human psychology, a mass of data tells us nothing of

the individual.

【出題：慶應義塾大学 (理工)】

Lesson 03
設問

（**1**）　（　1　）〜（　5　）に当てはまる最も適切なものを，それぞれの選択肢
の中から1つ選びなさい。

（　1　）
1　introduced　　2　favorable　　3　acquainted　　4　afraid

（　2　）
1　immune　　2　symbolic　　3　excusable　　4　exempt

（　3　）
1　going　　2　making　　3　taking　　4　getting

（　4　）
1　unrealistic　　2　statistical　　3　biological　　4　unbelievable

（　5　）
1　perform　　2　extinguish　　3　maintain　　4　cancel

（**2**）　下線部(A)〜(E)の意味に最も近いものを，それぞれの選択肢の中から1つ
選びなさい。

(A)　1　report　　2　regard　　3　honor　　4　reward

(B)　1　misconception　　2　preparation
　　　3　persecution　　4　addiction

(C)　1　conditions　　2　suppositions　3　promotions　　4　proposals

(D)　1　affection　　2　definition　　3　affliction　　4　reflection

(E)　1　truth　　2　variety　　3　insanity　　4　size

（**3**）　下線部(a)を正しい順序に並べ替え，その3番目と4番目に来る語の番号
を書きなさい。

(4)　本文の内容を表す最も適切なものを，次の選択肢の中から１つ選びなさ
　　　い。

1　The triumph of psychology

2　The challenge of perceiving ourselves

3　Mastering socially acceptable behavior

4　Enjoying good and evil

5　Exploring our anatomy

(5)　本文の内容と一致するものを，次の選択肢の中から３つ選びなさい。

1　People believe that they know themselves because their unconscious minds tell them so.

2　Greater attention to what society tells us would enable us to know ourselves better.

3　The mind is known only to specialists, but the parts of the body are familiar to us all.

4　Self-images make it difficult for us to see our true selves.

5　We are often quite unaware of threats to our psychological well-being.

6　Self-knowledge is achieved by paying attention to psychological statistics.

7　Theories often ignore data at the extreme ends of the scale.

解　答　用　紙			
(1)	(1)	(2)	(3)
	(4)	(5)	
(2)	(A)	(B)	(C)
	(D)	(E)	
(3)	3番目		4番目
(4)		**(5)**	

解答・解説

(1)

(1)

1 紹介される　**2** 好意的な　**③** 精通する　**4** 恐れる

▶第2段落第3文で「身体についても同様に，平均的な人はほとんど何も知らない」と述べられている。それに続く空所を含む文が，その流れを受けた展開になるためには，「（身体について）解剖学を教わる必要があるのとちょうど同じように，心の中身についてもよく知らなければならない」となるのが適切。よって，**3**が正解。通常，**1**と**2**は直後に with ではなく to を用い，**4**は of を用いることからも不適切だとわかる。

(2)

① 影響を受けない　　　　　**2** 象徴的な
3 許される　　　　　　　　**4** 免除された

▶空所を含む文は，非制限用法の関係代名詞に導かれ先行詞の「無意識の世界」を補足説明している。「意識上の批判や制御」に対して無意識の世界とはどのようなものであるかを考えれば，**1**を当てはめて be immune to ～（～の影響を受けない）とするのが良いとわかる。**4**は be exempt from ～（〔義務など〕を免除された）なので不適切。

(3)

空所を含む文は，自己認識がどのようなことなのかを説明している文なので，「個々の事実を知るようになるということ」となるのが適切。よって，**4**を当てはめて get to V（V するようになる）とするのが良い。

(4)

1 非現実的な　**②** 統計的な　**3** 生物学的な　**4** 信じがたい

▶空所に当てはまるものは，直前の文から「実験的理論がデータに基づいているということが，必ず意味すること」だとわかる。また，直後の言い換えた文に「つまりその理論は，天秤の両端［その対極］にあるすべての例外を排除する1つの理想的な平均を公式化する」とあり，すなわち，**理論は例外を除いて，似通ったものを公式化する**ということなので，**2**が正解だとわかる。データに基づいていることから，現実的であると考えられるので**1**は不適切。

（5）　　**1** 演じる　　**2** 消滅させる　　**3** 維持する　　**④** 相殺する

▶前文の流れを受け，「それら［天秤の両端］の例外が，同じように事実に基づいているにも関わらず，最終的な結果のどこにも現れないのは，お互いをどうするからなのか」を考えれば，**4** を当てはめて cancel ～ out（～を相殺する）とするのが良いとわかる。他の選択肢は意味も合わず，out とも結びつかない。

Lesson
03

（2）

(A)　**1** 報告　　　　　　　　**②**（特定の）点，事項
　　 3 名誉　　　　　　　　**4** 報酬

▶ respect（点，事項）に最も近いものは，**2** である。in this respect（この点において）となる。文脈から，他の選択肢では意味が不自然であるとわかる。

(B)　**①** 誤解　　　**2** 準備　　　**3** 迫害　　　**4** 中毒

▶ prejudice（先入観，偏見）に最も近いものは，**1** である。文脈から，他の選択肢では意味が不自然であるとわかる。

(C)　**1** 状態　　　**②** 想定，仮定　　**3** 昇進，促進　　**4** 提案

▶ assumption（思い込み，仮定）の複数形 assumptions に最も近いものは，**2** である。文脈から，他の選択肢では意味が不自然であるとわかる。

(D)　**1** 愛情　　　　　　　　**2** 定義
　　 ③（心身の）苦痛　　　　**4** 反射

▶ infection（悪影響，感染）に最も近いものは，**3** である。下線部を含む文の「infection の危険から身を守ることができる」という内容から，下線部は**マイナスイメージ**の語であることがわかる。

(E)　**①** 真実　　　**2** 多様性　　　**3** 精神異常　　　**4** 大きさ

▶ validity（妥当性，正当性）に最も近いものは，**1** である。文脈から，他の選択肢では意味が不自然であるとわかる。

（3）　　「theories are of little help（**4**→**5**→**2**→**3**→**1**）」が正解。動詞が are しかないので，複数名詞の theories が主語であるとわかる。また，「of ＋抽象名詞＝形容詞」なので，「of help ＝ helpful」の形も見えてくる。通常 little（ほとんどない）は不可算名詞の前に置くので，help の前に置くのが適切である。

（4） **1** 心理学の勝利

    ②　自分自身を認識するという難題

    3 社会的に受け入れられる行動を習得すること

    4 善と悪を享受すること

    5 私たちの解剖学的構造を探究すること

  ▶本文は，self-knowledge（自己認識）について述べられた文であり，文全体が，自己認識をすることは難しく，実際にほとんどできていないという内容になっていることから，**2** が正解と判断できる。

（5） **1** 人々は，自分が自分自身を知っていると信じているが，それは自分の無意識がそう教えてくれるからである。

    →本文には，because 以降に相当する部分が述べられていない。

  2 社会が私たちに教えてくれることにより強く注意を向けることで，私たちは自分自身をより良く理解することができる。

    →本文に，このような記述はない。

  3 心は専門家のみにしかわからないものだが，身体の部位は私たちみんなによく知られている。

    →**第 2 段落**第 3 文「身体についても同様に，平均的な人はほとんど何も知らない」に矛盾する。

  ④　自己に対するイメージにより，私たちは真の自己を見ることが難しくなっている。

    →**第 3 段落**最終文の内容に一致する。

  ⑤　自分たちの心理的な健康に対する脅威に，私たちは全く気づいていないことがよくある。

    →**第 4 段落**の内容に一致する。

  6 自己認識は，心理的な統計に注意を払うことにより得られる。

    →**第 5 段落**最終文「人間心理においても，大量のデータは個人については我々に何も語ってくれない」に矛盾する。

  ⑦　理論は天秤の両極端にあるデータを無視することがよくある。

    →**第 5 段落**第 3 文の内容に一致する。

正　解		
(1) (各3点) (1) 3	(2) 1	(3) 4
(4) 2	(5) 4	
(2) (各3点) (A) 2	(B) 1	(C) 2
(D) 3	(E) 1	
(3) (4点 [完答]) 3番目 2	4番目 3	
(4) (4点) 2	(5) (各4点) 4, 5, 7	

得点	（1回目） ／50点	（2回目）	（3回目）	CHECK YOUR LEVEL	0〜30点 ➡ *Work harder!* 31〜40点 ➡ *OK!* 41〜50点 ➡ *Way to go!*

Lesson 03
構造確認

[　]=名詞　▭=修飾される名詞　< >=形容詞・同格　(　)=副詞
S=主語　V=動詞　O=目的語　C=補語　'=従節

❶ "Know yourself!" is Socrates' famous challenge. (Yet) can we (really) know ourselves?

❷ Most people confms "self-knowledge" (with knowledge <of their conscious selves>). People measure their self-knowledge (by [what the average person <in their social environment> knows (of himself or herself)]), (not (by the real psychological facts, <which are (for the most part) hidden (from them)>)). (In this respect), the mind behaves (like the body, <of which the average person (likewise) knows (very little)>); (that is), we live (in and with our bodies) (and yet) are (typically) ignorant (of their various organic structures). (Just as we need to be instructed (in anatomy)), so must we (also) be acquainted with the contents <of the mind>.

❸ [What is (commonly) called "self-knowledge"] is (therefore) a very limited knowledge <of [what goes on (in the mind)]>, and it is dependent (on, (if not determined by), social factors). (Hence), (when it comes (to any particular kind of unacceptable behavior)), we tend to hold the prejudice <that our family, our relatives, our friends do not engage in it>. We have (equally) illusory assumptions <about our virtues and principles>, and these (merely) serve (to cover up our truer nature).

---------------- 構文解説 ----------------

1 文全体は, People measure O by A, not by B.「人々はAによってではなくBによってOを測る」の構造。Aの what は関係代名詞で, what S knows of ～は「Sが～について知っていること」の意味。Bの which 以下は非制限用法の関係詞節で, 先行詞（実際の心理学上の事実）に補足説明を加えている。最後の them は people を指す。

2 and が2つの文を結びつけている。前半は S is C の形で, S は What is commonly called ～「普通～と呼ばれるもの」, C は a very limited knowledge of ～「～のごく限られた認識」。後半の it は前半の S を指す。

【和訳】

❶「汝自身を知れ！」はソクラテスの有名な難題である。しかし，我々は自分自身を本当に知ることができるのだろうか。

❷ ほとんどの人々は，「自己認識」を，自分たちが意識している自己についての認識と混同する。人々は自己認識を，大部分が自分から隠されている実際の心理学上の事実によってではなく，自分の社会環境にいる平均的な人がその人自身について知っていることによって見積もる。この点において心は身体と似た働きをしているが，その身体についても同様に，平均的な人はほとんど何も知らない。すなわち，我々は身体の中で，身体と共に生きてはいるが，身体の様々な器官の構造については概して無知である。我々は，解剖学を教わる必要があるのとちょうど同じように，心の中身についてもよく知らなければならない。

❸ それゆえ，普通「自己認識」と呼ばれるものは，心の中で起きていることのごく限られた認識であり，それは社会的要因によって決定されるとは言わないまでも，依存している。したがって，何であれ特殊な受け入れがたい行動のこととなると，我々は「自分の」家族，「自分の」親戚，「自分の」友人はそれに関わっていないという先入観を持つ傾向がある。同様に我々は自分の長所や信条についての錯覚に基づく思い込みを抱いており，これらは単に我々のより確からしい本性を覆い隠す手助けをしているにすぎない。

重要語句リスト

❶
- [ ] challenge ⑧ 難題，挑戦

❷
- [ ] confuse A with B ❀ A を B と混同する
- [ ] self-knowledge ⑧ 自己認識，自覚
- [ ] conscious ⑫ 意識［自覚］している
- [ ] self ⑧ 自己
- [ ] measure ⑩ ～を測定する
- [ ] what S V ❀ S が V すること［もの］
- [ ] environment ⑧ 環境
- [ ] know of ～ ❀ ～について知っている
- [ ] psychological ⑫ 心理（学）的な
- [ ] for the most part ❀ 大部分は，たいてい
- [ ] hidden ⑩ ～を隠す
  hide-hid-hidden
- [ ] in this respect ❀ この点において
- [ ] behave ⑩ ふるまう，行動する
- [ ] likewise ⑪ 同様に
- [ ] that is ❀ すなわち
- [ ] and [but] yet ❀ しかし
- [ ] typically ⑪ 概して，一般的に
- [ ] be ignorant of ～ ❀ ～を知らない
- [ ] organic ⑫ 器官の
- [ ] structure ⑧ 構造
- [ ] need to be Vpp ❀ V される必要がある
- [ ] just as A, so B ❀ ちょうど A であるのと同じように，B である
- [ ] instruct ⑩ ～を教える
- [ ] anatomy ⑧ 解剖学
- [ ] be acquainted with ～ ❀ ～をよく知っている
- [ ] content ⑧ 中身，内容

❸
- [ ] what is commonly called ～ ❀ 普通～と呼ばれるもの
- [ ] limited ⑫ 限られた，限定された
- [ ] go on ❀ 起こる
- [ ] be dependent on~ ❀ ～に依存している
- [ ] if not ..... ❀ ..... ではないにしても
- [ ] determine ⑩ ～を決定する，～を見つける
- [ ] factor ⑧ 要因
- [ ] hence ⑪ したがって
- [ ] when it comes to ～ ❀ ～のことになると
- [ ] particular ⑫ 特殊な，特定の
- [ ] unacceptable ⑫ 受け入れがたい
- [ ] behavior ⑧ 行動
- [ ] tend to V ❀ V する傾向がある
- [ ] prejudice ⑧ 先入観，偏見
- [ ] relative ⑧ 親戚
- [ ] engage in ～ ❀ ～にたずさわる
- [ ] equally ⑪ 同様に
- [ ] illusory ⑫ 錯覚の，幻想的な
- [ ] assumption ⑧ 思い込み，仮定
- [ ] virtue ⑧ 長所，美徳
- [ ] principle ⑧ 信条，行動規範
- [ ] merely ⑪ 単に
- [ ] serve to V ❀ V するのに役立つ
- [ ] cover up ～ ❀ ～を覆い隠す
- [ ] nature ⑧ 本性，性質，自然

❹ (Within our unconsciousness, ⟨which is immune (to conscious criticism and control)⟩), we stand defenseless, (open to all kinds of influences, ⟨good but also bad⟩). (As with other dangers), **❸** we can guard (against the risk ⟨of mental infection⟩ (only when we know [what is attacking us])).

❺ (Since self-knowledge is a matter ⟨of [getting to know the individual facts]⟩), theories are of little help. **❹** For the more a theory lays claim (to universal validity), the less capable it is (of [doing justice to the individual facts]). Any experimental theory is based (on data), and that means [it is (necessarily) statistical], i.e., [it formulates an ideal average ⟨which abolishes all exceptions ⟨at both ends of the scale⟩⟩]. Those exceptions, (though (equally) factual), appear (nowhere) (in the final result), (as they cancel each other out). (If, (for instance), I determine the weight ⟨of each stone ⟨in a bed of pebbles⟩⟩ and get an average weight ⟨of 145 grams⟩), this tells me very little (about the real nature ⟨of the pebbles⟩). (Similarly), (in human psychology), a mass of data tells us nothing ⟨of the individual⟩.

20

25

30

----

❸ 文全体は，we can guard against 〜「私たちは〜に対して（身を）守ることができる」の構造。only when 〜は「〜のときにのみ」の意味。what is attacking us は「何が私たちを攻撃しているのか」（what ＝疑問詞），「私たちを攻撃しているもの」（what ＝関係代名詞）のどちらの解釈でも良い。

❹ For は「というのは〜だから」の意味の接続詞。文中でコンマの後ろに置かれることが多いが，このように文頭に使うこともある。the 比較級 〜, the 比較級 … は「〜すればするほど…」の意味。

❹ 無意識の世界では，意識上の批判や制御の影響を受けないため，我々は無防備であり，良い影響だけでなく悪い影響も含むあらゆる種類の影響を受けやすい。他の危険と同様に，何が自分を攻撃しているのかを知っているときに限り，我々は精神的な悪影響の危険から身を守ることができる。

❺ 自己認識は個々の事実を知るようになるということなので，理論はほとんど役に立たない。なぜなら，理論が普遍的な妥当性を主張すればするほど，個々の事実を正当に扱うことができなくなるからである。どんな実験的理論であれデータに基づいているので，それは必ず統計的であることを意味する。つまりその理論は，天秤の両端［その対極］にあるすべての例外を排除する，1つの理想的な平均を公式化する。それらの例外は，同じように事実に基づいているが，お互いを相殺し合うので最終的な結果のどこにも現れない。例えば，もしも私が敷き詰めた小石の中のそれぞれの石の重さを測定して，145 グラムという平均重量を得たとしても，これは個々の小石の性質については私にほとんど何も語らない。同様に，人間心理においても，大量のデータは個人については我々に何も語ってくれないのである。

❹

within	前	〜の内部に［で］
unconsciousness	名	無意識
be immune to 〜	熟	〜の影響を受けない
criticism	名	批判
control	名	制御，抑制
stand defenseless	熟	無防備のままである
(be) open to 〜	熟	〜を受けやすい
influence	名	影響
A but also B	熟	A だけでなく B も
as with 〜	熟	〜と同様に
danger	名	危険
guard against 〜	熟	〜から身を守る
risk	名	危険（性）
mental	形	精神的な
infection	名	悪影響，感染
attack	動	〜を攻撃する

❺

since S V	接	S は V するので
a matter of 〜	熟	〜の事柄［問題］
get to V	熟	V するようになる
individual	形	個々の，個人の
theory	名	理論
of little help	熟	ほとんど役に立たない
for S V	接	というのは S が V するからである
the more A, the less B	熟	A であればあるほど，B でなくなる
lay claim to 〜	熟	〜を主張する
universal	形	普遍的な
validity	名	妥当性，正当性
be capable of Ving	熟	V することができる
do justice to 〜	熟	〜を正当に扱う
experimental	形	実験的な
be based on 〜	熟	〜に基づく
data	名	データ，情報
mean (that) S V	熟	S が V することを意味する
necessarily	副	必ず
statistical	形	統計的な，統計上の
i.e.	熟	すなわち
formulate	動	〜を公式化する
ideal	形	理想的な
abolish	動	〜を捨て去る
exception	名	例外
at both ends of 〜	熟	〜の両端で［の］
scale	名	天秤，はかり
factual	形	事実の
nowhere	副	どこにも ..... ない
cancel 〜 out	熟	〜を相殺する
for instance	熟	例えば
weight	名	重さ
pebble	名	小石
gram	名	グラム
tell A about B	熟	B について A に語る
similarly	副	同様に
human	形	人間の
psychology	名	心理
a mass of 〜	熟	大量の〜

END

LEVEL-6

Lesson 04
問題文

04

単 語 数 ▶ **398** words
制限時間 ▶ **15** 分
目標得点 ▶ **40** ／50点

DATE

■次の英文を読み，あとの設問に答えなさい。

We all need people who accept us and listen to us, people we can count on. For many fortunate individuals, the family is the first group to meet this need. Later in life, more good luck, along with good judgment, helps ensure that the other groups we fit into will be healthy ones.

Belonging to a group offers many benefits. As the old saying goes, there's strength in numbers. We can accomplish things in a group that we lack the ability or courage to do by ourselves.

Belonging teaches us the value of teamwork, of sharing the labor — and the credit — in achieving a goal. Group identity can be a great source of self-esteem and pride. It can help transform frustration and anger into productive energy. Another advantage of membership in a group is the personal support and guidance we get from our fellow members. We have a better chance at a decent life if we can learn from other people's experiences as well as our own.

But group membership has its risks, too. People come together in groups because they share something in common — a hobby, a goal, a problem, an interest. We take comfort in our similarities, but we can also use our group identity to reject others who are different, who don't "qualify" for our group.

The same impulse can cause us to enforce conformity among group members themselves, and to judge harshly those members who deviate from our standards. Pledges, uniforms, codes of behavior are all attempts to secure allegiance and mandate conformity within the group.

If we are not careful, we can allow our group identity to obscure our best judgment. In attempting to conform, we can go along with decisions we don't agree with and act in ways we know are wrong. We can rationalize our

behavior as group loyalty and avoid taking responsibility for our actions. We

conform because we're afraid of losing the security of the group and becoming

an outsider.

Our need to belong can be so urgent that we fall under the control of peer

pressure, one of the most powerful forces in the universe. The Nazi youth

used group loyalty as a form of intimidation, in the same way Klan groups,

Skinheads and street gangs do today. Tiger Knowles looked up to Benny and

Henry Hays. They helped him find somebody to look down on.

(Source: Jim Carnes, Us and Them. Oxford University Press 1966)

* Klan group （クラン団体）
        ※Ku Klux Klan （クー・クラックス・クラン）は米国の人種差
          別的秘密結社
   Skinhead （スキンヘッド）
        ※白人至上主義・反ユダヤ主義を唱える若者のギャング
   Tiger Knowles （タイガー・ノウルズ）
        ※Klan group の一員で終身刑を受けた殺人犯
   Benny Hays （ベニー・ヘイズ）
        ※Henry Hays の母親
   Henry Hays （ヘンリー・ヘイズ）
        ※Klan group の一員で，Tiger Knowles と共謀して殺人事件を
          起こし死刑となった犯罪者

【出題：上智大学(法)】

Lesson 04
設問

(1) According to the passage, the family provides most people with the first group they can (　　　).

1 comply with　　　　　　**2** learn to speak in
3 trust　　　　　　　　　**4** enumerate

(2) In this passage, the expression "there's strength in numbers" is described as (　　　).

1 an idiom　　**2** an axiom　　**3** a proverb　　**4** a natural law

(3) According to this passage, group membership teaches the (　　　) of teamwork in achieving goals.

1 importance　**2** irrelevance　**3** cost　　　　**4** chore

(4) According to this passage, group membership is both beneficial and (　　　).

1 hard to attain　　　　　**2** dangerous
3 arbitrary　　　　　　　**4** cautious

(5) According to this passage, group identity may lead a person to judge harshly members who (　　　) from group standards.

1 learn　　　　　　　　　**2** get experience
3 get pleasure　　　　　　**4** differ

(6) According to this passage, pledges and uniforms help secure (　　　) to the group.

1 loyalty　　**2** costs　　　**3** attraction　　**4** disobedience

(7) According to this passage, group identity may (　　　) one's best judgment.

1 improve　　**2** sharpen　　**3** cloud　　　**4** satisfy

(8) According to this passage, the Nazis used group loyalty to make people
( ).

1 feel closer to each other　　**2** feel stronger

3 more active　　**4** do things out of fear

(9) According to this passage, Benny and Henry Hays helped Tiger Knowles
find someone to ( ).

1 scorn　　**2** watch over　　**3** take care of　　**4** despair over

(10) According to this passage, which of the following statements is not true
about group membership?

1 It gives people a sense of security.

2 It helps people accept responsibility for their actions.

3 It makes people stronger and braver.

4 It makes people feel good about themselves.

解　答　用　紙			
(1)		**(2)**	
(3)		**(4)**	
(5)		**(6)**	
(7)		**(8)**	
(9)		**(10)**	

Lesson 04
解答・解説

（1）　文章によれば，家族はたいていの人たちに，自分が（　　　）ことができる第
1の集団を与えてくれる。

1　従う　　　　　　　　　　　　　**2**　話すことを学ぶ
③　信頼する　　　　　　　　　　　**4**　列挙する

▶この内容は，**第1段落**第1〜2文で述べられている。count on 〜（〜を頼
る，〜をあてにする）= trust（信頼する）と考えられるので，**3**が正解。

（2）　この文章において，「数の多いことは強みだ」という表現は，（　　　）として
述べられている。

1　熟語　　　　　　　　　　　　　**2**　原理
③　ことわざ　　　　　　　　　　　**4**　自然法

▶問われている表現は，**第2段落**第2文に書かれている。old saying = proverb
（ことわざ）と考えられるので，**3**が正解。

（3）　この文章によれば，集団の一員であることは，目標を達成する際の，チームワ
ークの（　　　）を教えてくれる。

①　重要性　　　　　　　　　　　　**2**　不適切
3　費用　　　　　　　　　　　　　**4**　雑用

▶この内容は，**第3段落**第1文で述べられている。value（価値）= importance
（重要性）と考えられるので，**1**が正解。

（4）　この文章によれば，集団の一員であることが有益にもなれば（　　　）にもな
る。

1　達成しがたい　　　　　　　　　**②**　危険な
3　任意の　　　　　　　　　　　　**4**　注意深い

▶この内容は，**第4段落**第1文で述べられている。has its risks（危険を伴う）
= be dangerous（危険である）と考えられるので，**2**が正解。

（5） この文章によれば，集団同一性により，人は集団の基準から（　　　）一員を
厳しく裁くようにしてしまうかもしれない。

1 学ぶ　　　　　　　　　　　　**2** 経験を得る

3 喜びを得る　　　　　　　　　④ 異なる

▶この内容は，**第5段落**第1文で述べられている。deviate from ～（～から逸
脱する）なので，**4** が正解と判断できる。

（6） この文章によれば，誓約や制服は集団への（　　　）を確保するのに役立って
いる。

① 忠誠　　　　　　　　　　　　**2** 費用

3 魅力　　　　　　　　　　　　**4** 反抗

▶この内容は，**第5段落**最終文に「誓約や制服や行動規範はすべて，集団内
で忠誠を確保し」とあるので，**1** が正解と判断できる。

（7） この文章によれば，集団同一性が人の最善の判断を（　　　）かもしれない。

1 改善する　　　　　　　　　　**2** 鋭くする

③ 曇らせる　　　　　　　　　　**4** 満足させる

▶この内容は，**第6段落**第1文に「集団同一性は我々の最善の判断をにぶら
せる」とあるので，**3** が正解と判断できる。

（8） この文章によれば，ナチスは集団への忠誠を人々に（　　　）させるために利
用した。

1 お互いより近く感じる　　　　**2** より強く感じる

3 より活動的に　　　　　　　　④ 恐怖から物事をする

▶この内容は，**第7段落**第2文に「ナチスの若者は，集団への忠誠を威嚇の形
で利用した」とあるので，**4** が正解と判断できる。

(9)　この文章によれば，ベニー・ヘイズとヘンリー・ヘイズは，タイガー・ノウルズ
　　　が（　　　）誰かを見つける手助けをした。

　　① 軽蔑する　　　　　　　　**2** 見守る

　　3 世話をする　　　　　　　**4** 絶望する

　　▶この内容は，**第7段落**第3～最終文で述べられている。look down on（～を
　　見下す）＝ scorn（～を軽蔑する）と考えられるので，**1**が正解。

(10)　この文章によれば，以下の陳述のうち集団の一員であることに関して真実では
　　　ないものはどれか？

　　1 それは人々に安心感を与える。

　　　　→第4段落最終文前半の内容に一致する。

　　② それによって，人々は自分の行動の責任を取るようになる。

　　　　→第6段落第3文「～，自分の行動の責任を取ることを**回避する**」に
　　　　矛盾する。

　　3 それは，人々をより強く，より勇敢にする。

　　　　→第2段落最終文の内容に一致する。

　　4 それは，人々に自分について優れていると感じさせる。

　　　　→第3段落第2文の内容に一致する。

正　解			
(1) (5点)	3	**(2)** (5点)	3
(3) (5点)	1	**(4)** (5点)	2
(5) (5点)	4	**(6)** (5点)	1
(7) (5点)	3	**(8)** (5点)	4
(9) (5点)	1	**(10)** (5点)	2

得点	（1回目）／50点	（2回目）	（3回目）	CHECK YOUR LEVEL	0〜30点 ➡ *Work harder!* 31〜40点 ➡ *OK!* 41〜50点 ➡ *Way to go!*

❶ We <all> need [people] <who accept us and listen to us>, <[people] <we
can count on>>. (For many fortunate individuals), the family is [the first group]
<to meet this need>. ❶(Later in life), more good luck, (along with good
judgment), helps ensure [that [the other groups] <we fit into> will be healthy
ones].

❷ [Belonging to a group] offers many benefits. ❷(As the old saying goes),
there's strength (in numbers). We can accomplish [things] (in a group) <that
we lack [the ability or courage] <to do> (by ourselves)>.

❸ Belonging teaches us [the value] <<of teamwork>, <of sharing the labor —
and the credit>> — (in achieving a goal). Group identity can be [a great
source] <of self-esteem and pride>. It can help transform frustration and anger
(into productive energy). [Another advantage] <of [membership] <in a group>>
is [the personal support and guidance] <we get (from our fellow members)>.
We have [a better chance] <at a decent life> (if we can learn (from other
people's experiences) (as well as our own)).

・・・・・・・・・・・・・・・・・・・・・・・・・・・・・・・・ 構文解説 ・・・・・・・・・・・・・・・・・・・・・・・・・・・・・・・・

■■文全体は，S helps ensure that ～「S は～ということを確実にするのに役立つ」の構造。
　help (to) do は「～するのに役立つ」の意味。that 節中の S' (the other groups) の後ろに
　関係詞節 (we fit into) が続いており，the other ～ into は「私たちが適合する別の [＝家
　族以外の] 集団」の意味。

■■as the old saying goes「古い格言にあるように」, strength in number「数の多いことは強
　みだ」は，どちらも決まり文句。

【和訳】

❶ 我々は皆，自分を受け入れ，自分の話に耳を傾けてくれる人，すなわち頼りにできる人を必要とする。多くの幸運な人々にとって，家族はこの要求を満たす第1の集団である。後の人生においては，正しい判断に加えて，より多くの幸運があれば，自分が入り込んだ家族以外の集団が健全な集団であることを確実にする手だてとなる。

❷ 集団に所属することは，多くの恩恵をもたらす。古い格言にもある通り，数の多いことは強みである。我々は，自分1人では行う能力も勇気もないことを，集団の中では成し遂げることができる。

❸ 集団に所属することは，目標を達成するときにチームワークと，仕事——そして名誉——の分かち合いの価値を我々に教えてくれる。集団同一性は自尊心と誇りの大きな源になりうる。それは欲求不満と怒りを生産的なエネルギーに変えるのに役立ちうる。集団の一員であることのもう1つの利点は，仲間のメンバーから受ける個人的な支援や指導である。自分自身の経験だけでなく他人の経験からも学ぶことができれば，我々がまともな人生を送る可能性は高くなる。

重要語句リスト

❶
accept	動	～を受け入れる
count on ～	熟	～を頼る，～をあてにする
fortunate	形	幸運な
individual	名	個人
meet	動	（要求などを）満たす
along with ～	熟	～に加えて
judgment	名	判断
help (to) V	熟	V する手助けをする，V するのに役立つ
ensure that S V	熟	S が V することを確実に[保証]する
fit into ～	熟	～にうまくとけ込む

❷
belong to ～	熟	～に所属する，～のものである
offer	動	～を提供する
benefit	名	恩恵
as the saying goes	熟	格言にもある通り
there's strength in numbers	熟	数の多いことは強みだ
accomplish	動	～を成し遂げる
lack	動	～を欠いている
the ability to V	熟	V する能力
the courage to V	熟	V する勇気
by oneself	熟	1 人で，独力で

❸
belonging	名	所属すること
value	名	価値
teamwork	名	チームワーク
labor	名	労働，労力
credit	名	名誉，手柄
in Ving	熟	V するときに
achieve	動	～を達成する
group identity	名	集団同一性
source	名	源
self-esteem	名	自尊心
pride	名	誇り
transform A into B	熟	A を B に変化させる
frustration	名	欲求不満
anger	名	怒り
productive	形	生産的な
energy	名	エネルギー，活力
advantage	名	利点
membership	名	集団の一員であること
support	名	支援
guidance	名	指導
fellow	形	仲間の
chance	名	可能性
decent	形	まともな，きちんとした
experience	名	経験
A as well as B	熟	B だけでなく A も

❹ But group membership has its risks, (too). People come together (in
groups) (because they share something <in common> — <a hobby, a goal, a
problem, an interest>). We take comfort (in our similarities), but we can (also)
use our group identity (to reject others <who are different>, <who don't
"qualify" (for our group)>).

3
❺ The same impulse can cause us to enforce conformity <among group
members themselves>, and to judge (harshly) those members <who deviate
(from our standards)>. Pledges, uniforms, codes <of behavior> are (all)
attempts <to secure allegiance and mandate conformity (within the group)>.

20

3文全体は，S can cause us to do.「S は私たちが〜する原因となりうる」の構造。to do の
部分が A [to enforce 〜] and B [to judge 〜] の形になっている。B の those は，後ろ
に関係詞節が続くのを予告する働きをしている。

❹ しかし，集団の一員であることには危険も伴う。人々は，趣味，目標，問題，利害など何らかの共通点を持つという理由で集団の中に集まってくる。我々はお互いが似ていることに安らぎを覚えるが，（自分たちと）異なる他者，自分の集団に「適していない」他者を拒絶するために集団同一性を利用することもありうる。

❺ それと同じ衝動によって我々は，集団のメンバー自身の間に画一化を強制し，自分たちの基準から逸脱するメンバーたちに厳しい判断を下す場合がありうる。誓約や制服や行動規範はすべて，集団内で忠誠を確保し，画一化を命じようとする試みである。

Lesson
04

❹

□ risk	名 危険（性）
□ come together	熟 集まる
□ share ～ in common	
	熟 ～を共有する
□ interest	名 利害関係，利益
□ take comfort in ～	熟 ～で安らぐ
□ similarity	名 類似（性）
□ reject	動 ～を拒絶する
□ others	代 他人
□ qualify for ～	熟 ～に適任である

❺

□ impulse	名 衝動
□ cause ～ to V	熟 ～がVする原因となる
□ enforce	動 ～を強制する
□ conformity	名 画一化，服従
□ harshly	副 厳しく
□ deviate from ～	熟 ～から逸脱する
□ standard	名 基準，標準
□ pledge	名 誓約
□ uniform	名 制服
□ code of behavior	名 行動規範
□ attempt to V	熟 Vしようとする試み， Vしようと試みる
□ secure	動 ～を確保する
□ allegiance	名 忠誠
□ mandate	動 ～を命じる

❻ (If we are not careful), we can allow our group identity to obscure our best judgment. (In attempting to conform), we can go along with decisions <we don't agree with> and act (in ways <{we know} are wrong>). We can rationalize our behavior (as group loyalty) and avoid [taking responsibility <for our actions>]. We conform (because we're afraid (of [losing the security <of the group>] and [becoming an outsider])).

❼ Our need <to belong> can be (so) urgent that we fall under the control <of peer pressure, <one of the most powerful forces <in the universe>>>. The Nazi youth used group loyalty (as a form of intimidation), (in the same way Klan groups, Skinheads and street gangs do (today)). Tiger Knowles looked up to Benny and Henry Hays. They helped him find somebody <to look down on>.

4 文全体は, we can V1 [go ~] and V2 [act ~] の構造。in attempting [in an attempt] to do は「~しようとして」の意味の成句。decisions (which) we don't agree with は「私たち[自分]が賛成しない決定」。in ways (that) we know are wrong は, in ways「方法で」+ we know the ways are wrong「私たちはその方法が間違っていると知っている」と考える。

5 文全体は, S can be so ~ that ...「S は非常に~でありうるので…」の構造。peer pressure「同調圧力」と one of ~ は同格の関係。one of の前に which is を補って考えても良い。

❻ もしも注意を払わなければ，集団同一性は我々の最善の判断をにぶらせる恐れがある。順応しようとするあまり，自分が賛成しない決定を支持し，間違っているとわかっている方法で行動することがありうる。我々は自分の行動を集団への忠誠として正当化し，自分の行動の責任を取ることを回避する。我々は集団への安心感を失い，部外者となるのを恐れるあまり，従順になるのである。

❼ 我々の所属への欲求は非常に切迫しているので，最も強力な力の１つである仲間からの圧力に支配される。ナチスの若者は，今日，クラン団体，スキンヘッド，ストリート・ギャングが行っているのと同様に，集団への忠誠を威嚇の形で利用した。タイガー・ノウルズはベニー・ヘイズとヘンリー・ヘイズを尊敬していた。彼らは彼が見下す相手を探す手助けをしたのである。

❻

☐ allow ～ to V 　（熟）～が V することを許す

☐ obscure 　（動）～をわかりにくくする，
　　　　　　　　～をあいまいにする

☐ go along with ～ 　（熟）～を支持する

☐ decision 　（名）決定

☐ agree with ～ 　（熟）～に同意する

☐ act 　（動）行動する

☐ rationalize A as B 　（熟）A を B として正当化する

☐ loyalty 　（名）忠誠

☐ avoid 　（動）～を避ける

☐ take responsibility for ～
　　　　　　　　（熟）～の責任を取る

☐ conform 　（動）従う

☐ be afraid of Ving 　（熟）V することをこわがる

☐ security 　（名）安全

☐ outsider 　（名）部外者

❼

☐ urgent 　（形）切迫した，緊急の

☐ so ... that S V 　（熟）非常に…なので S は
　　　　　　　　　V する

☐ fall under the control of ～
　　　　　　　　（熟）～の管理下に入る

☐ peer 　（名）仲間，同僚

☐ pressure 　（名）圧力，重圧

☐ powerful 　（形）強力な

☐ force 　（名）力

☐ in the universe 　（熟）（最上級を強めて）最も，
　　　　　　　　はるかに

☐ Nazi 　（形）ナチスの

☐ youth 　（名）若者

☐ intimidation 　（名）威嚇，脅迫

☐ in the same way S V
　　　　　　　　（熟）S が V するのと同じ
　　　　　　　　ように

☐ street gang 　（名）ストリート・ギャング

☐ look up to ～ 　（熟）～を尊敬する

☐ help ～ V 　（熟）～が V するのを助ける

☐ look down on ～ 　（熟）～を見下す

END　　59

LEVEL-6

Lesson 05
問題文 05

単語数 ▶ 531 words
制限時間 ▶ 15 分
目標得点 ▶ 40 /50点

DATE

■次の英文を読み，あとの設問に答えなさい。

In developed countries, the gender gap has long favoured women by one measure at least: life expectancy. Throughout the past 100 years women have significantly outlived men, on whom war, heavy industry and cigarettes — among other things — have taken a heavier toll.* But (a)this gender gap is closing — and a new statistical analysis of life expectancy in England and Wales since 1950 suggests that, by the year 2032, men can expect to live as long as women, with both sexes sharing an average life expectancy of 87.5 years.

The study, led by Les Mayhew, professor of statistics at Cass Business School, calculated how long a sample of 100,000 people aged 30 would live if they experienced the average mortality rates for each ensuing* year, projecting forward until the male and female life expectancy curves intersected.

There are (b)a number of factors that explain the narrowing gap, according to Mayhew. "A general fall in tobacco and alcohol consumption has disproportionately benefited men, who tended to smoke and drink more than women. We've also made great strides in tackling heart disease, which is more prevalent in men," Mayhew said. "And men are far more likely to engage in 'high-risk' behaviours, and far more likely to die in road accidents, which have fallen too."

The life expectancy gender gap appears to be closing faster than was previously thought: research published in 2015 by Imperial College had indicated (c)it would narrow to 1.9 years by 2030. The UK as a whole has slightly lower lifespan averages, as life expectancy tends to be higher in

England than the other constituent nations.* In the years immediately after

25　1950, women's life expectancy increased faster than men's in England and

Wales, with the gender gap peaking in 1969, when women lived on average

5.68 years longer.

Majid Ezzati, professor of global environmental health at Imperial College,

said the gap can be attributed largely to social rather than biological factors:

30　"It's actually the existence of the gap that is unusual, rather than the

narrowing. It's a recent phenomenon which began in the 20th century."

（　1　）Male cigarette consumption peaked in the 1940s when tobacco

industry figures revealed that more than two-thirds of men smoked.（　2　）

Female consumption peaked later, in the 1960s.（　3　）As well as changing

35　attitudes to cigarettes and alcohol, the loss of heavy industry jobs —

statistically more dangerous in both the short-and long-term — also

disproportionately affected men.（　4　）

"As the life expectancy gap narrows, our understanding of what it means

to be a man and a woman changes," said Danny Dorling, professor of

40　geography at the University of Oxford. "The difference between the genders

also narrows because of the introduction of contraception* and female entry into

the labour market. But the really interesting thing is it's actually (d) a kind of

reverse inequality: women have lived longer than men who are paid more

throughout their lives and are structurally advantaged in any number of ways.

45　We haven't entirely worked out why that might be."

Lesson
05

＊　toll（死者，犠牲者）　　ensuing（次の）
　　the other constituent nations（Northern Ireland, Scotland, Wales のことを指す）
　　contraception（避妊）

【出題：九州大学（前期日程）】

61

設問

（1） 下線部(a)が表すことを，本文に即して日本語で書きなさい。

（2） 下線部(b)が表すことを，本文に即して日本語で3つ書きなさい。

（3） 下線部(c)が指すものを，本文中から英語で抜き出して書きなさい。

（4） 第5段落において，次の文が入る最も適切な位置を，（ 1 ）〜（ 4 ）の中から1つ選び記号で答えなさい。

In addition to the heavy male death tolls caused by World War I and World War II, men started to smoke in large numbers before women did and women's consumption never outpaced men's.

（5） 下線部(d)が表すことを，本文に即して日本語で書きなさい。

解　答　用　紙	
(1)	
(2)	
(3)	
(4)	
(5)	

解答・解説

（**1**）　　「しかし，<u>この男女間の差</u>は縮まりつつある」が下線部を含む文の文意。よ
(a)
って，前出の男女間の差をまとめれば良い。**第1段落**第1文では，先進国に
おいて，男女間の差は平均余命という点で女性に味方をしてきたことがわか
る。続く第2文では，過去100年の間ずっと女性は，男性よりも長生きして
きたことがわかる。よって，これらの情報をまとめたものが解答となる。なお，
第2文の on whom 以降は，なぜ男性の方が短命であったのかの説明のため，
この部分は解答には不要である。

（**2**）　　「狭まる差の説明となる多数の要因」が下線部の文意。直後に以下の3つの
要因が挙げられているため，それらを日本語で答えれば良い。
　①A general fall in tobacco and alcohol consumption has disproportionately
　　benefited men
　②We've also made great strides in tackling heart disease, which is more
　　prevalent in men
　③men are far more likely to engage in 'high-risk' behaviours, and far more
　　likely to die in road accidents, which have fallen too

（**3**）　　it は単数の名詞の反復を避ける代名詞である。下線部の直前にある名詞を
探すと，The life expectancy gender gap, research, Imperial College の3つ
がある。このうち，it would narrow to 1.9 years by 2030 の it に当てはめた場
合に意味が通ることから，**The life expectancy gender gap** が正解。

（**4**）　　「第1次世界大戦と第2次世界大戦によって引き起こされた多数の男性の死
者に加え，男性の多数が女性よりも早くタバコを吸い始めた」が挿入する文の
文意。つまり，男性の方が短命となった具体的な要因が書かれている。（　1　）
の直前の文「それ（男女の平均余命に差が存在すること）は20世紀に始まっ
た最近の現象だ」から，（　1　）に文を入れることで，「20世紀に始まった」と
いう事実を次の文で具体的に説明する形になり，「抽象→具体」という文の展
開パターンとも合う。また，挿入する文の後半で男性と女性の喫煙について
書かれていることから，（　1　）直後の男性と女性の喫煙に関する記述にもつ
ながる。

（5）　　コロン（：）には，**付加的な情報や説明を付け加える役割**がある。よって，コロン直後の文が下線部の説明になっているため，その部分を日本語にしたものが答えとなる。

正　解		
（1）(8点)	先進国において，過去100年間を通し，女性の方が男性よりもかなり長生きしてきたということ。	
（2）(各6点)	・男性のタバコや酒の消費量が減少したこと ・男性に多い心臓病の治療が進歩したこと ・男性のリスクの高い行為や交通事故死が減少したこと	
（3）(8点)	The life expectancy gender gap	
（4）(8点)	1	
（5）(8点)	男性は生涯を通じてより給与が高く，多くの面で構造的に優遇されているにもかかわらず，女性の方が長生きしてきたということ。	

得点	（1回目） ／50点	（2回目）	（3回目）	CHECK YOUR LEVEL	0～30点 ➡ *Work harder!* 31～40点 ➡ *OK!* 41～50点 ➡ *Way to go!*

Lesson 05
構造確認

❶ (In developed countries), the gender gap has (long) favoured women (by
one measure (at least)): <life expectancy>. (Throughout the past 100 years)
women have (significantly) outlived men, <on whom war, heavy industry and
cigarettes — (among other things) — have taken a heavier toll>. But this
gender gap is closing — and a new statistical analysis <of life expectancy
<in England and Wales (since 1950)>> suggests [that, (by the year 2032), men
can expect [to live as long as women], (with both sexes sharing an average
life expectancy <of 87.5 years>)].

❷ The study, <led by Les Mayhew, <professor <of statistics at Cass
Business School>>>, calculated [how long a sample of 100,000 people <aged
30> would live (if they experienced the average mortality rates (for each
ensuing year))], (projecting forward (until the male and female life expectancy
curves intersected)).

·· 構文解説 ··

❶ 文全体は women have outlived men「女性は男性よりも長生きしてきた」という基本構造
に修飾語が加わった形。on whom 以下は men に対する補足説明で, take a toll on ～「～
に被害を与える」という表現がもとになっている。

❷ 文全体は, The study calculated O（研究は O を計算［予測］した）の構造。led ～ School
は The study に対する補足説明で, led の前に which was を補って考えても良い。O に当
たるのは how long S would live if they experienced ～「もし～を経験したら S はどのく
らい長く生きるだろうか」という仮定法を使った疑問詞節（間接疑問）。projecting 以下は
分詞構文で, 意味上の主語は the study。

【和訳】

❶ 先進国において，男女間の差は，少なくともひとつの尺度では長い間女性に味方してきた。それは平均余命だ。過去 100 年の間ずっと女性は，男性よりもかなり長生きしてきた。男性に関しては，とりわけ戦争や重工業，そしてたばこによってより多くの死者が出た。しかし，この男女間の差は縮まりつつある。そしてイングランドとウェールズにおける 1950 年以降の平均余命に関する新しい統計上の分析は，2032 年までには男性は女性と同じだけ長く生きるようになり，男女ともに平均余命が 87.5 歳となることが期待できると示した。

❷ キャスビジネススクールの統計学の教授，レス・メイヒュー氏によって率いられた研究では，30 歳の人 10 万人という標本が，その後毎年平均的な死亡率を経験した場合，どれだけ長い間生きるのかを，男性と女性の平均余命の曲線が交差するまで，先へ予測して計算した。

Lesson
05

重要語句リスト

❶

developed country	名	先進国
gender gap	名	男女の性差による格差
long	副	長い間
favour	動	～に味方する → (米) favor
measure	名	尺度
at least	熟	少なくとも
life expectancy	名	平均余命
throughout	前	～の間ずっと
past	形	過去の
significantly	副	かなり
outlive	動	～より長生きする
heavy industry	名	重工業
cigarette	名	タバコ
among other things	熟	とりわけ
take a toll	熟	死者を出す
heavy	形	(死者などが) 多数の
close	動	(差が) 縮まる
statistical	形	統計上の，統計的な
analysis	名	分析
England	名	イングランド
Wales	名	ウェールズ
suggest that S V	熟	S が V すると示す
expect to V	熟	V することを期待する
as ... as ～	熟	～と同じくらい…
sex	名	性別
share	動	～を共通して持つ
average	形	平均の

❷

study	名	研究
led	動	～を率いる lead-led-led
professor	名	教授
statistics	名	統計学
calculate	動	～を計算する
how long S V	熟	どれくらいの間 S が V するか
sample	名	(統計の) 標本
aged ～	形	～歳の
experience	動	～を経験する
mortality rate	名	死亡率
project	動	～を予測する
forward	副	先へ
until S V	接	S が V するまで
male	形	男性の
female	形	女性の
curve	名	曲線
intersect	動	交差する

❸ There are a number of factors \<that explain the narrowing gap\>,
(according to Mayhew). "A general fall \<in tobacco and alcohol consumption\>
has (disproportionately) benefited men, \<who tended to smoke and drink\>
(more) (than women). We've (also) made great strides (in tackling heart
disease), \<which is more prevalent (in men)\>," Mayhew said. "And men are
far more likely to engage (in 'high-risk' behaviours), and far more likely to die
(in road accidents), \<which have fallen (too)\>."

❹ The life expectancy gender gap appears to be closing faster (than was
(previously) thought): research \<published (in 2015) (by Imperial College)\>
had indicated [it would narrow (to 1.9 years) (by 2030)]. The UK (as a whole)
has (slightly) lower lifespan averages, (as life expectancy tends to be higher
(in England) (than the other constituent nations)). (In the years \<immediately
after 1950\>, women's life expectancy increased (faster) (than men's) (in
England and Wales), (with the gender gap peaking (in 1969, \<when women
lived (on average) (5.68 years longer)\>)).

15

20

25

- -

3 文全体は, women's life expectancy increased「女性の平均余命は伸びた」という基本構造
に修飾語が加わった形。with the gender gap peaking は「(そして)性差は最大になった」
の意味。with は付帯状況を表す。この with を省略することも可能で, その場合は独立分詞
構文になる。when 以下は 1969 に補足説明を加える非制限用法の関係詞節。

68

❸ メイヒュー氏によると，狭まる差の説明となる要因は多数ある。「タバコと酒の消費量の全体的な減少が，女性よりも多くタバコを吸って，酒を飲む傾向がある男性に不釣り合いに，良い影響を与えてきた。私たちはまた，男性により多く見られる心臓病に対する取り組みにおいても大幅に躍進してきた」とメイヒュー氏は言った。「そして男性の方がはるかに『高リスクな』行為にたずさわる可能性が高く，はるかに交通事故で死亡する可能性が高い。しかしそれらも減少してきた」

❹ 平均余命の男女間の差は，以前考えられていたよりも速く縮まりそうだ。2015 年にインペリアル・カレッジによって発表された研究は，その差は 2030 年までに 1.9 年まで縮まると示した。イングランドの平均余命は他の構成国家（北アイルランド・スコットランド・ウェールズ）よりも長い傾向にあり，英国は全体として，わずかに平均寿命が短い。1950 年の直後の数年の間に，イングランドとウェールズでは，女性の平均余命は男性よりも速く伸び，男女間の差は，1969 年に頂点に達した。この年は，女性が平均で 5.68 年長く生きた年だった。

Lesson 05

❸

a number of ～	熟 多数の～
factor	名 要因
explain	動 ～を説明する
narrow	動 ～を狭くする
gap	名 差
according to ～	熟 ～によると
general	形 全体的な
fall	名 減少
alcohol	名 酒
consumption	名 消費量
disproportionately	副 不釣り合いに
benefit	動 ～の利益になる
tend to V	熟 V する傾向がある
smoke	動 タバコを吸う
make great strides in ～	熟 ～において大幅に躍進する
tackle	動 ～に取り組む
heart disease	名 心臓病
prevalent in ～	熟 ～によく見られる，流行している
far more ...	熟 はるかにより…
likely to V	熟 V しそうである
engage in ～	熟 ～にたずさわる
risk	名 リスク，危険（性）
behaviour	名 行為 → (米) behavior
die	動 死ぬ
road accident	名 交通事故
fallen	動 減少する fall-fell-fallen

❹

appear to V	熟 V するように見える
previously	副 以前に
research	名 研究
publish	動 ～を発表する
indicate (that) S V	熟 S が V すると示す
the UK	名 英国（グレートブリテン及び北アイルランド連合王国），イングランド・ウェールズ・スコットランド・北アイルランドから成る
as a whole	熟 全体として
slightly	副 わずかに
low	形 低い
lifespan	名 寿命
constituent	名 構成要素
nation	名 国家
immediately	副 ただちに
increase	動 増加する
peak	動 頂点に達する

❺ Majid Ezzati, <professor <of global environmental health at Imperial College>>, said [the gap can be attributed (largely) (to social) (rather than biological factors)]: "It's (actually) the existence <of the gap> [that is unusual, (rather than the narrowing)]. It's a recent phenomenon <which began (in the 20th century)>." (In addition to the heavy male death tolls <caused by World War I and World War II>), men started [to smoke (in large numbers) (before women did)] and women's consumption never outpaced men's. Male cigarette consumption peaked (in the 1940s <when tobacco industry figures revealed [that more than two-thirds of men smoked]>). Female consumption peaked (later), (in the 1960s). (As well as [changing attitudes <to cigarettes and alcohol>]), the loss <of heavy industry jobs> — (statistically more dangerous (in both the short-and long-term)) — (also) (disproportionately) affected men.

❻ "(As the life expectancy gap narrows), our understanding <of [what it means [to be a man and a woman]]> changes," said Danny Dorling, <professor <of geography at the University of Oxford>>. "The difference <between the genders> (also) narrows (because of the introduction <of contraception> and female entry <into the labour market>). But the really interesting thing is [it's (actually) a kind of reverse inequality]: women have lived (longer) (than men <who are paid (more) (throughout their lives) and are (structurally) advantaged (in any number of ways)>). We haven't (entirely) worked out [why that might be]."

----

❹ 文全体は, the loss of ～ affected men「～の喪失が男性に影響した」の構造。ダッシュにはさまれた部分は前の名詞句 (the loss ～ jobs) に対する補足説明。

❺ women ～ than men「女性は男性より長生きしてきた」の後ろに, men を修飾する関係詞節が続いている。その節中の S" は who, V" は are paid more「より多くの給料を支払われる」と are structurally advantaged「構造的に優遇されている」。

❺ インペリアル・カレッジの地球環境衛生の教授マジッド・エザティ氏は，その差は生物学上よりも主に社会的な要因のせいであり，「実際には，差が縮まることよりも，差が存在することが普通でないことなのだ。それは 20 世紀に始まった最近の現象だ」と言った。第 1 次世界大戦と第 2 次世界大戦によって引き起こされた多数の男性の死者に加え，男性の多数が女性よりも早くタバコを吸い始めた。女性の（タバコの）消費量が男性の消費量を超えることは一度もなかった。男性の 3 分の 2 以上がタバコを吸っていた，とタバコ産業の人物が明らかにした 1940 年代に，男性のタバコの消費は頂点に達した。女性による消費はもっと遅く，1960 年代に頂点に達した。タバコや酒に対する変化する意識だけでなく，短期間，長期間の両方において統計的により危険とされる重工業の職の減少もまた，男性に不釣り合いに影響を与えた。

❻ 「平均余命の差が縮まるにつれて，男性，女性であることが意味することについての私たちの理解も変わる」とオックスフォード大学の地理学の教授ダニー・ドーリング氏が言った。「性別の間の違いもまた，避妊の導入や女性の労働市場への参入といった理由によって縮まる。しかし，本当に興味深いことは，それが実際は反対の不平等であるということだ。生涯を通じてより多く給料をもらい，多くの面で構造的に優遇されている男性よりも，女性の方が長生きしてきた。私たちはその理由となりうる答えをまだ完全には見つけ出していないのだ」。

❺

global environmental health	名 地球環境衛生
attribute A to B	熟 A を B のせいにする
largely	副 主に
A rather than B	熟 B よりも A
biological	形 生物学上の
actually	副 実際は
existence	名 存在
unusual	形 普通でない
narrowing	名 狭くなること
recent	形 最近の
phenomenon	名 現象
began	動 始まる
	begin-began-begun
in addition to ～	熟 ～に加えて
cause	動 ～を引き起こす
World War I	名 第 1 次世界大戦
World War II	名 第 2 次世界大戦
start to V	熟 V し始める
in large numbers	熟 数多く
outpace	動 ～を超える，～をしのぐ
industry	名 産業
figure	名 人物
reveal that S V	熟 S が V すると明らかにする
two-thirds of ～	熟 ～の 3 分の 2
as well as B, A	熟 B だけでなく，A も
attitude to	熟 ～に対する意識
loss	名 減少
statistically	副 統計的に
dangerous	形 危険な
term	名 期間
affect	動 ～に影響する

❻

understanding	名 理解
geography	名 地理学
difference between ～	熟 ～の間の違い
gender	名 （文化的・社会的役割としての）性
because of ～	熟 ～の理由で
introduction	名 導入
entry into ～	熟 ～への参入
labour	名 労働 → （米）labor
market	名 市場
a kind of ～	熟 一種の～
reverse	形 反対の
inequality	名 不平等
paid	動 ～に給料を支払う
	pay-paid-paid
structurally	副 構造的に
advantaged	形 優遇された
in a ... way	熟 …な面で
any number of ～	熟 多くの～
entirely	副 完全に
work out	熟 ～の答えを見つけ出す

Please teach me, teacher!

Q 大学受験を終えた後, 英語をどのように勉強していけばよいですか？

A 受験勉強で高いレベルの語彙力や読解力を身につけたにも関わらず, 大学に合格したと同時に英語の勉強をやめてしまう人がいるのは, 非常に残念なことです。

　実は, 言語の能力とは, 長い間使わないで放っておくとすぐに衰えてしまうものなのです。高い学力で難関大学に入学をしたものの, 4 年間あまり英語の勉強をしなかったことにより, 英語の学力が高校 1 年生レベルにまで戻ってしまった。そのため, 就職活動時に TOEIC などのテストを受験したものの, まったく得点が取れなかった, という話をよく聞きます。

　皆さんがそのような悲しいことにならないためにも, 大学に入ってからも毎日, 少しずつでも英語の勉強を続けるようにしてください。

　特に, リスニングや音読は言語を学ぶうえで基本となるものですから, 10 分でも 20 分でも毎日続けることをおススメします。

　また, 大学受験が終わると目標とするものがなくなってしまうので, 年に何度かは実用英語技能検定, TOEFL iBT, IELTS などを定期的に受験し, 学習の励みとしてください。多くの場合,「いつか TOEFL iBT を受験します」と言ったまま, 結局受験せずに終わってしまうという人がほとんどだと思います。「いつか」と言って何もしないのではなく, 思いついたらすぐに申し込みをすることをおススメします。申し込みをして, 試験の日程が決まれば, 人間は不思議とその目標に向かって勉強を始めるものです。大学受験という 1 つの目標を達成したとしても, すぐに次なる目標を見つけ, 英語の力が衰えないよう勉強を進めていってほしいと思います。

LV6
STAGE-2

LEVEL-6

Lesson 06
問題文

単 語 数 ▶ 574 words
制限時間 ▶ 20 分
目標得点 ▶ 40 ／50点

DATE

■次の英文を読み，あとの設問に答えなさい。

The world changed (a)drama on June 29, 2007. That's the day when the iPhone first became available to the public. Smartphone technology has allowed billions of people to enter and participate in a new, cybernetic, complex, and rapid relationship with the world. With artificial intelligence, virtual reality, social media, and other mind-blowing developments, our technological world gets ever more interesting, changes ever faster, and, at least from my archaeological perspective, becomes ever more daunting.

The rapidity of technological change, and by extension our current relationship to time, is (b)(200,000-year / against / evolutionary / history / the / undeniably / unusual / viewed / when) of our species. The Industrial Revolution marks the beginning of a remarkably different era for us as a species, yet it occurred during the last 0.1 percent of our time on this planet. Humankind's relationship with technology, with change, and with time, is in (1) territory. Our ancestors — the people who preceded us for 99.9 percent of our species' existence — would be terrified at the rapid rate of change we currently expect. [A] The question is, what does it all mean?

I can think of three points worth emphasizing. First, we should acknowledge that our current experience of time is unusual — it's getting more and more (2) and granular. Technology is supposed to make our lives easier and more pleasurable. As a result, we should have more leisure time, not less. But we don't. We complain when a (c)fly is an hour late, failing to marvel at the fact that we have just (d)fly 500 miles in an hour. It wasn't so long ago — a century at most — that a 500-mile trip took weeks, if not months, and was potentially life threatening. [　**B**　]

　　Second, we should recognize that the vast majority of people on Earth today believe time is linear, with one direction leading from past to present to future. [　**C**　] It's important to note that for most of our species' existence, humans understood time to be cyclical, with naturally（　**3**　）days, seasons, and years, all of which guided _(e)behave and activities.

　　Finally, it would seem that we are addicted to "new and improved" technology, perhaps for its own sake. There are many reasons for this, including capitalist product development schedules, marketing campaigns, and modern consumer psychology. The archaeological record, however, very clearly shows us that "old and just fine" worked sustainably well for the vast majority of our species' existence. [　**D**　]

　　The ever-increasing rate of technological change in our lives has led to slavish adherence to ever more refined and precise slices of time in our lives. Keep in mind that such temporal dominance and precision has occurred only in the last few hundred years (since the Industrial Revolution), a ridiculously small sliver of our species' time on this planet. Our overscheduled, hyperprecise, Western approach to time doesn't allow us to stop and smell the roses, much less enjoy nature, think deeply, or learn a new hobby or skill. Cyclical time, on the other hand, is more fluid and not（　**4**　）to such time-crunching compaction. It is therefore amenable to a more relaxing way of life — one not dominated by technological change for its own sake. A return to cyclical time might just facilitate a return to a way of life for which our brains, heart, and souls evolved over hundreds and thousands of years.

　　Speaking of which, I think it's time for me to take a nap.

【出題：慶應義塾大学 (理工)】

Lesson
06

(**1**) （ 1 ）〜（ 4 ）に当てはまる最も適切なものを，それぞれの選択肢
の中から1つ選びなさい。

　　（ 1 ）
　　　　1 uncharted 　　　　　　**2** understanding
　　　　3 undertaking 　　　　　**4** urban
　　（ 2 ）
　　　　1 perfect 　　　　　　　**2** pleasant
　　　　3 precise 　　　　　　　**4** prolonged
　　（ 3 ）
　　　　1 recurring 　　　　　　**2** recycling
　　　　3 resonating 　　　　　**4** roaring
　　（ 4 ）
　　　　1 sacred 　　　　　　　**2** superior
　　　　3 susceptible 　　　　　**4** sustainable

(**2**) 下線部(b)の英文の意味が通るように，（　　）内の語句を並べ替えなさ
い。

(**3**) 次の1文が入る最も適切な位置を，次の選択肢の中から1つ選びなさ
い。

But that's a recent cultural construct.

　　1 [　A　] 　　　　　　　　**2** [　B　]
　　3 [　C　] 　　　　　　　　**4** [　D　]

(**4**) 次の文は英文全体の要旨を述べたものである。（　ア　）～（　コ　）に
当てはまる最も適切なものを，それぞれの選択肢の中から1つ選びなさ
い。

Although the （　ア　） of the smartphone and other new technologies
has made our lives more （　イ　） and connected, the author finds this
unsettling. He suggests that it is worthwhile to stand back and look at the
larger （　ウ　） picture from （　エ　） perspective. Specifically, the
author points out that the way most of us today value and perceive time
— as （　オ　）, and as becoming increasingly refined and （　カ　） — is
an anomaly of the industrialized West, when placed within the （　キ　）
history of the human species. For most of human history, time has been
（　ク　）, and it is the mode in which humans have evolved （　ケ　）.
The author suggests that we would benefit from returning to such a
sense of time which allows for deeper thought, experience, and （　コ　）.

（　ア　）
1 appeal　　　　　　　　　**2** birth
3 exit　　　　　　　　　　**4** repeal

（　イ　）
1 efficient　　　　　　　　**2** excruciating
3 isolated　　　　　　　　**4** unhealthy

（　ウ　）
1 lunar　　　　　　　　　**2** planetary
3 regional　　　　　　　　**4** solar

（　エ　）
1 an archaeologist's　　　**2** a psychologist's
3 a technician's　　　　　**4** a time keeper's

（　オ　）
1 cyclical　　　　　　　　**2** linear
3 pleasurable　　　　　　**4** repetitive

(カ)
1 compressed   2 expansive
3 fluid   4 slavish

(キ)
1 big   2 medieval
3 recent   4 short

(ク)
1 cyclical   2 linear
3 pleasurable   4 repetitive

(ケ)
1 cyclically and linearly
2 linearly and psychologically
3 physiologically and spiritually
4 slavishly and spiritually

(コ)
1 addiction   2 doze
3 evacuation   4 relaxation

(5) 下線部(a), (c), (d), (e)の語を，必要に応じて適切な形に直しなさい。ただし，語尾に "-ed" と "-ing" の付く形は不可とする。

解　答　用　紙			
(1)	(1)　　　　　　(2)　　　　　　(3)　　　　　　(4)		
(2)			
(3)			
(4)	(ア)　　　　　(イ)　　　　　(ウ)　　　　　(エ)		
	(オ)　　　　　(カ)　　　　　(キ)　　　　　(ク)		
	(ケ)　　　　　(コ)		
(5)	(a)　　　　　　　　　　　(c)		
	(d)　　　　　　　　　　　(e)		

解答・解説

(1)

(1)

① 未知の   **2** 理解のある

3 引き受けること   **4** 都市の

▶前文の「産業革命により，非常に短期間で科学技術は急速に変化したこと」と，後の文の「産業革命以前の，人類の歴史の99.9 パーセントの期間に存在した祖先は，科学技術の急速な変化を怖がるであろうこと」から空所には「理解をこえた，よくわからない」を意味する表現が入るとわかるため，**1** が正解。

(2)

1 完璧な   **2** 愉快な

③ 正確な   **4** 長引いた

▶後の「私たちの自由になる時間は減るのではなく，増えるはずだ。しかし，実際は増えていない」という記述や，飛行機が遅れた際の不満に関する例から，私たちがますます時間に対して「**細かく，厳密になっている**」ということがわかる。よって **3** が正解。

(3)

① 繰り返される   **2** 再利用

3 反響している   **4** 吠えている

▶直前の「**人類は時間が周期的だと理解していた**」から，似た意味となる **1** を入れるのが適切。動詞recur「繰り返される」から with naturally recurring days, seasons, and years で「自然に繰り返される日，季節，年を伴い」となる。

(4)

1 神聖な   **2** 優った

③ 影響を受けやすい   **4** 持続可能な

▶文中の on the other hand（**一方で**）がヒント。前文では「予定が詰まりすぎた，過度に正確な西洋的な時間の取り組みのせいで，予定外の行動を取る時間がない」ことが述べられているため，空所を含む文は「**予定外の行動を取る時間がある**」という内容になる。よって，「流動的で，そのように時間を計算して詰め込むことの影響を受けづらい」となる **3** が正解。susceptible to 〜（**〜の影響を受けやすい**）は覚えておきたい表現だが，知らなくても **1**，**2**，**4** は意味的に不可のため **3** とすることもできる。

(2) 下線部直前の動詞 is と選択肢の動詞 viewed，接続詞の when から，「is … when S viewed」または「is … when（代名詞 + be 動詞）viewed」の形が想定

できる。また，前置詞「against + 名詞」から「against the (...) history」の形がわかり，when S viewed の S に該当する名詞がないため，when viewed の形となる。次に，下線部前の文意「科学技術の変化の速さ，さらには現在の私たちの時間との関係 is C」から，C は関係を表現する形容詞 unusual（異常な）となる。また，200,000-year（20 万年の）のように，ハイフン (-) でつながれた表現は形容詞の働きをするため，もう一つの形容詞 evolutionary（進化の）と並べて名詞 history の前に置き，the 200,000-year evolutionary history とする。副詞 undeniably（否定の余地なく）は文意から形容詞 unusual の前に置く。最後に against ... history は下線部直後の of our species と意味的につながるため，viewed の後に置く。

(3)　代名詞 that は前出の名詞や文脈上既知の物事を指すので，空所の前に「**最近の文化的な構成概念**」になりうるものがあるかを探す。[C]の直前の文の「**時間が直線的である**」という考えがこれにあたるため，**3** が正解。

(4)　要旨の訳は下記の通り。
スマートフォンや他の新しい科学技術の出現により，私たちの生活はより効率的でつながったものになったが，著者はこれを不安に思っている。彼は考古学者の観点から，距離を置いて，より広い世界的な視野を取る価値があると提唱する。具体的に著者は，直線的，そしてますます微細で圧縮されているという，私たちの大半が現代で時間を評価し，捉える方法は，人類の大きな歴史の中で考えると，産業化した西洋の特異性だと指摘する。人類の歴史の大半において，時間は周期的なものであり，その様式の中で人類は生理的に，そして精神的に進化してきた。著者はより深い思考や経験，そしてくつろぎを可能にする時間感覚に戻ることで，私たちは得をするだろうと提唱する。

（ ア ）
1 訴えること　　**②** 出現
3 出口　　**4** 廃止
▶要旨の第 1 文は本文の**第 1 段落**に相当する。**第 1 段落**第 2 文の「初めて一般の人が iPhone を購入できるようになった日だ」からもわかるように，スマートフォンや他の新しい科学技術の「出現」となるよう **2** を当てはめるのが適切。

（ イ ）
① 効率的な　　**2** 非常につらい
3 孤立した　　**4** 不健康な
▶要旨の第 1 文の後半では「著者はこれを不安に思っている」と技術に対して否定的な意見が書かれているが，文頭の although から前半は技術に対して**肯定的な記述**と考えられるので選択肢の中で唯一プラスの意味である **1** が正解。

（　ウ　）

1　月の　　　　　　　　　**②**　世界的な

3　地域の　　　　　　　　**4**　太陽の

▶著者は全体を通じて，現代の我々の変化というのは人類の長い歴史の中の
ほんの一部分に過ぎないと主張している。よって，もっと大きな視点で考える
べきだという主張に沿う **2** が正解。**3** は逆に限定的な表現である。

（　エ　）

①　考古学者の　　　　　　**2**　心理学者の

3　技術者の　　　　　　　**4**　時間を管理する人の

▶**第1段落**最終文「私の考古学の観点からすると」を言い換えていると考えら
れるため，**1** が正解。

（　オ　）

1　周期的な　　　　　　　**②**　直線的な

3　楽しい　　　　　　　　**4**　繰り返しの

▶ value A as B（A を B だと**評価する**），perceive A as B（A が B であると**理
解する**）がポイント。**第4段落**第1文に書かれているように，現代の私たちの
大半は時間が linear（直線的）だと考えている。

（　カ　）

①　圧縮された　　　　　　**2**　拡張的な

3　流動性の　　　　　　　**4**　奴隷の

▶（　**オ**　）に続いて現代人の時間の捉え方に関する記述である。**第6段落**第
3文「予定が詰まりすぎた，過度に正確な，私たちの時間に対する西洋的な取
り組み方」から **1** が適切だと判断できる。

（　キ　）

①　大きい　　　　　　　　**2**　中世の

3　最近の　　　　　　　　**4**　短い

▶文脈から，現代の時間の概念は人類の大きな歴史の中で特異であると主張
していると考えられるため **1** が正解。他の選択肢は逆に限定的な表現である。

（　ク　）

①　周期的な　　　　　　　**2**　直線的な

3　楽しい　　　　　　　　**4**　繰り返しの

▶人類の歴史における時間について問う問題。**第4段落**最終文「種が存在して
きたうちの大半の間，人類は時間が周期的だと理解していた」より，**1** が正解。

（ ケ ）

1 周期的に，そして直線的に　　**2** 直線的に，そして心理学的に

③ 生理的に，そして精神的に　　**4** 奴隷のように，そして精神的に

▶周期的な時間様式において人類がどう進化したかについて答える問題。**第6段落**最終文「私たちの脳，心，魂は進化してきた」を言い換えた**3**が正解。

（ コ ）

1 依存　　　　　　　　　　**2** 居眠り

3 避難　　　　　　　　　　**④** くつろぎ

▶周期的な時間様式によりが可能になるものを答える問題。**第6段落**第5文「それ［周期的な時間］は，より落ち着いた生活様式に馴染みやすい」より，**4**が正解。

Lesson
06

（5）

(a) 下線部なしで文が成り立つことから，副詞 **dramatically** が正解。

(c) 下線部の直前に冠詞 a があることから，名詞 **flight** が正解。

(d) that 節の中は，下線部直前の we have just から現在完了形になっているとわかるので，過去分詞形 **flown** が正解。

(e) all of which guided behave and activities は，主格の which の関係代名詞節。behave and activities は動詞 guided の目的語。and は同じ形を並べるので activities に形を合わせた複数形の名詞 **behaviors** が正解。

正　解			
（1）(各2点) (1) **1**	(2) **3**	(3) **1**	(4) **3**
（2）(7点) undeniably unusual when viewed against the 200,000-year evolutionary history			
（3）(7点) **3**			
（4）(各2点) （ア）**2**	（イ）**1**	（ウ）**2**	（エ）**1**
（オ）**2**	（カ）**1**	（キ）**1**	（ク）**1**
（ケ）**3**	（コ）**4**		
（5）(各2点) (a) dramatically		(c) flight	
(d) flown		(e) behaviors	

得点	（1回目） ／50点	（2回目）	（3回目）	CHECK YOUR LEVEL	0〜30点 ➡ *Work harder!* 31〜40点 ➡ *OK!* 41〜50点 ➡ *Way to go!*

[ ]＝名詞　□＝修飾される名詞　＜ ＞＝形容詞・同格　（ ）＝副詞
S＝主語　V＝動詞　O＝目的語　C＝補語　'＝従節

❶ The world changed (dramatically) (on June 29, 2007). That's [the day]
   S   V   S   V   C
<when the iPhone (first) became available (to the public)>. Smartphone
      S'   V'   C'   S
technology has allowed billions of people to enter and participate in [a new,
           V   O   C
cybernetic, complex, and rapid relationship] <with the world>. (With artificial

intelligence, virtual reality, social media, and other mind-blowing   5

developments), our technological world gets ever more interesting, changes
               S   V①   C①   V②
(ever faster), and, (at least) (from my archaeological perspective), becomes ever
                                                                     V③   C③
more daunting.

❷ [The rapidity] <of technological change>, and (by extension) [our current
  S
relationship] <to time>, is (undeniably) unusual (when viewed (against [the   10
              V   C
200,000-year evolutionary history] <of our species>)). The Industrial Revolution
                                                        S①
marks [the beginning] <of a remarkably different era (for [us] <as a species>)>,
V①   O①
yet it occurred (during [the last 0.1 percent] <of our time (on this planet)>).
    S②V②
[Humankind's relationship] <with technology, with change, and with time>, is
S   V
(in uncharted territory). [Our ancestors] — <[the people] <who preceded us   15
                          S   V'   O'
(for [99.9 percent] <of our species' existence>)>> — would be terrified (at [the
                                                       V
rapid rate] <of [change] <we (currently) expect>>). The question is, what does
                         S'   V'   S   V   C
it all mean?
S'   V'

構文解説

■ S [our technological world] の前に副詞句 With 〜 developments が置かれている。V は A
  [gets ...]，B [changes ...]，and C [... becomes ...] の3つ。ever ＋比較級は「今までよ
  りも…」の意味。

■ 文全体は，主節＋ when 〜の構造。S [The 〜 time] は，and が2つの句を結び付けてい
  る。when viewed against 〜は「〜を背景にして考えると」の意味。

【和訳】

❶ 2007年6月29日，世界は劇的に変わった。それは初めて一般の人が iPhone を購入できるようになった日だ。スマートフォンの科学技術によって何十億もの人々が，新しい，サイバネティク［人工知能＋機械工学］で，複雑，そして急激な世界との関係に入り参加してきた。人工知能，仮想現実，ソーシャルメディア，そして他の圧倒させるような発展によって，私たちの科学技術の世界は今までよりも面白くなり，変化はさらに速くなり，少なくとも私の考古学の観点からすると，今までよりも非常に困難になっている。

❷ 科学技術の変化の速さ，さらには現在の私たちの時間との関係は，私たちの種の20万年の進化の歴史に対して考察すると，否定の余地なく異常である。産業革命は私たちにとって，種として著しく異なった時代の始まりにあたる。しかし，それはこの惑星における人間の月日の直近の0.1パーセントの期間の間に起こったのだ。科学技術，変化，時間との人類の関係は，未知の領域にある。私たちの種の存在の99.9パーセントもの期間の間，私たちを先導した祖先は，現在予期されている変化の急激な速度に怖がることだろう。問題は，それら全部が何を意味しているのか？ということだ。

重要語句リスト

❶
dramatically	副	劇的に
available to public	熟	一般の人が購入できる
smartphone	名	スマートフォン
allow O to V	熟	O に V させる
billions of ～	熟	何十億もの～
enter	動	～に入る
participate in ～	熟	～に参加する
cybernetic	形	サイバネティクの，人工頭脳学の
complex	形	複雑な
rapid	形	急激な
relationship with ～	熟	～との関係
artificial intelligence	名	人工知能
virtual reality	名	仮想現実
social media	名	ソーシャルメディア
mind-blowing	形	圧倒させるような
development	名	発展
technological	形	科学技術の
get C	動	C になる
ever + 比較級	熟	今までよりも…
faster	形	速い fast-faster-fastest
at least	熟	少なくとも～
archaeological	形	考古学の
perspective	名	観点
daunting	形	非常に困難な

❷
rapidity	名	速さ
by extension	熟	さらには
current	形	現在の
relationship to ～	熟	～との関係
undeniably	副	否定の余地なく
unusual	形	異常な
view	動	～を考察する
against	前	～に対して
evolutionary	形	進化の
species	名	種
the Industrial Revolution	名	産業革命
mark	動	～を示す，～を表す
beginning	名	始まり
remarkably	副	著しく
era	名	時代
yet	接	しかし
occur	動	起こる
during	前	～の間に
last	形	すぐ前の～，最近の～
planet	名	惑星
humankind	名	人類
uncharted	形	未知の
territory	名	領域
ancestor	名	祖先
precede	動	～を先導する
existence	名	存在
terrify	動	～を怖がらせる
rate	名	速度
currently	副	現在
expect	動	～を予期する

Lesson 06

❸ I can think of [three points] <worth emphasizing>. (First), we should acknowledge [that [our current experience] <of time> is unusual] — it's getting more and more precise and granular. Technology is supposed to make our lives easier and more pleasurable. (As a result), we should have more leisure time, (not less). But we don't. We complain (when a flight is (an hour late)), (failing to marvel (at [the fact] <that we have (just) flown (500 miles) (in an hour)>)). It wasn't (so long ago — a century at most —) [that a 500-mile trip took weeks, (if not months), and was potentially life threatening].

❹ (Second), we should recognize [that [the vast majority] <of [people] <on Earth today>> believe [time is linear, (with one direction leading (from past to present to future))]]. But that's a recent cultural construct. It's important [to note [that (for most of our species' existence), humans understood time to be cyclical, (with [naturally recurring days, seasons, and years]), <all of which guided behaviors and activities>]].

❺ (Finally), it would seem [that we are addicted (to "new and improved" technology, (perhaps) (for its own sake))]. There are [many reasons] <for this>, (including capitalist product development schedules, marketing campaigns, and modern consumer psychology). The archaeological record, (however), (very clearly) shows us [that "old and just fine" worked (sustainably well) (for [the vast majority] <of our species' existence>)].

---

❸ We complain が S V。failing 以下は分詞構文で，and (we) fail 〜に近い意味を表す。just は in an hour を修飾して「1時間しかかからずに」の意味。

❹ It's important to note that 〜「〜に気づくことが重要である」の that 以下は，humans understood time to be cyclical「人間は時間が循環すると理解した」の前後に修飾語が置かれている。with は「〜を持って[伴って]」の意味。all 以下は非制限用法の関係詞節で，which の先行詞は naturally 〜 years。

❸ 強調する価値がある3つの論点を私は思い浮かべることができる。まず第一に，現在の時間の経験は異常だということを私たちは認めるべきだ。それはますます正確で粒度が細かいものになっている。科学技術は私たちの生活をより容易で楽しいものにすると思われている。その結果，私たちの自由になる時間は減るのではなく，増えるはずだ。しかし，実際は増えていない。私たちはフライトが1時間遅れると，たった今1時間で500マイルも飛んだという事実に感動することもなく，不満を言う。500マイルの旅行に何カ月とまではいかなくても，何週間もかかり，命に関わる可能性もあったことは，それほど昔のことではなく，せいぜい1世紀前だった。

❹ 第二に，私たちは現在の地球上の大多数の人々が，時間が直線的で，過去から現在，そして未来へ一方向で通じていると信じていることを認めるべきだ。しかし，それは最近の文化的な構成概念である。私たちの種が存在してきたうちの大半の間，人類は時間が周期的であることを理解しており，自然に繰り返される日，季節，年を伴い，そのすべてが行動と活動を導いたことに注目することが重要だ。

❺ 最後に，私たちは「新しくて進歩した」科学技術，もしかするとそれ自体に依存しているように思われる。これにはたくさんの理由がある。その中には資本主義的な商品開発計画，市場の販売運動，現代の消費者心理が含まれる。しかしながら，考古学的な記録は「古くてちょうど良いもの」が，種が存在してきたうちの大多数の期間の間，持続的に上手く機能してきたということを明確に示している。

❸

☐ think of ~	熟	～を思い浮かべる
☐ worth Ving	熟	Vする価値がある
☐ emphasize	動	～を強調する
☐ acknowledge that S V	熟	SがVするということを認める
☐ granular	形	粒度の細かい
☐ be supposed to V	熟	Vすると思う
☐ make O C	熟	OをCにする
☐ pleasurable	形	楽しい
☐ as a result	熟	その結果
☐ leisure time	名	自由になる時間
☐ an hour late	熟	1時間遅れで
☐ fail to V	熟	Vできない
☐ marvel at ~	熟	～に感動する
☐ flown	動	飛ぶ fly-flew-flown
☐ mile	名	マイル
☐ long ago	熟	ずっと昔に
☐ take	動	(時間が) かかる
☐ potentially	副	可能性として
☐ life threatening	熟	命に関わる

❹

☐ second	副	第二に
☐ the vast majority	熟	大多数
☐ linear	形	直線的な
☐ lead	動	通じる
☐ present	名	現在
☐ cultural	形	文化的な
☐ construct	名	構成概念
☐ note that S V	熟	SがVするということに注目する
☐ understood	動	～を理解する understand-understood-understood
☐ cyclical	形	周期的な
☐ naturally	副	自然に
☐ recur	動	繰り返される
☐ season	名	季節
☐ guide	動	～を導く

❺

☐ it would seem that S V	熟	SがVするように思われる
☐ be addicted to ~	熟	～に依存している
☐ improved	形	進歩した
☐ for its own sake	熟	それ自体に
☐ reason for ~	熟	～の理由
☐ capitalist	形	資本主義的な
☐ product development	名	商品開発
☐ marketing campaign	名	販売運動
☐ consumer psychology	名	消費者心理
☐ record	名	記録
☐ show O that S V	熟	SがVするということをOに示す
☐ sustainably	副	持続的に

⑥ The ever-increasing rate <of technological change <in our lives>> has led (to slavish adherence (to ever more refined and precise slices of time <in our lives>)). Keep in mind [that such temporal dominance and precision has occurred (only in the last few hundred years (since the Industrial Revolution), <a ridiculously small sliver> <of our species' time <on this planet>>>)]. Our overscheduled, hyperprecise, Western approach <to time> doesn't allow us to stop and smell the roses, much less enjoy nature, think deeply, or learn a new hobby or skill. Cyclical time, (on the other hand), is more fluid and not susceptible (to such time-crunching compaction). It is (therefore) amenable (to a more relaxing way of life) — <one <not dominated (by technological change) (for its own sake)>>. A return <to cyclical time> might (just) facilitate a return <to a way of life <for which our brains, heart, and souls evolved (over hundreds and thousands of years)>>.

⑦ (Speaking of which), I think [it's time [for me to take a nap]].

---

5 文全体は，S has led to ～．「S は～を引き起こした」の構造。slavish adherence to ～は「～にやみくも［無思慮］に従うこと」の意味。

6 文全体は，S might facilitate O「S は O を容易にする［促進する］かもしれない」の構造。a return to ～は「～に戻ること，～への回帰」の意味。for which 以下は life を先行詞とする関係詞節で，for は「～のために」の意味。

❻ 私たちの生活における科学技術の変化の増え続ける割合は，今まで以上に微細で正確な生活時間への服従的な遵守につながってきた。そのような時間の支配と正確さは（産業革命以降）たった過去数百年の間に起こったのだと心に留めておくとよい。それは人類がこの惑星で過ごしてきた時間のうちの，ばかばかしいほど小さいひとかけらに過ぎない。予定が詰まりすぎた，過度に正確な，私たちの時間に対する西洋的な取り組み方のせいで，私たちは立ち止まってバラのにおいを嗅ぐこともできない。ましてや自然を楽しんだり，深く考えたり，新しい趣味や技能を身につけることもできない。一方で，周期的な時間というのはより流動的で，そのように時間を計算して詰め込むことの影響を受けづらい。それゆえに，周期的な時間は，科学技術の変化自体に支配された生活様式ではなく，より落ち着いた生活様式に馴染みやすい。周期的な時間に戻ることで，ちょうど生活様式がもとに戻ることが促進されるかもしれない。その生活様式のために何百年も何千年もの期間にわたって私たちの脳，心，魂は進化してきたのだ。

❼ そういえば，私も昼寝をする時間だ。

❻

ever-increasing	熟	増え続ける
lead to 〜	熟	〜につながる
slavish	形	服従的な
adherence	名	遵守
refined	形	微細な
... slices of time	熟	…な時間
keep in mind that S V		
	熟	S が V するということを心に留めておく
temporal	形	時間の
dominance	名	支配
precision	名	正確さ
ridiculously	副	ばかばかしいほど
sliver	名	ひとかけら
overscheduled	形	予定が詰まりすぎた
hyperprecise	形	過度に正確な
Western	形	西洋的な
approach	名	取り組み方
stop	動	立ち止まる
smell	動	〜のにおいを嗅ぐ
rose	名	バラ
much less 〜	熟	ましてや〜ない
nature	名	自然，本性，性質
deeply	副	深く
on the other hand	熟	一方で
fluid	形	流動的
susceptible to 〜	熟	〜の影響を受けやすい
time-crunching	形	時間を計算するような
compaction	名	詰め込むこと
therefore	副	それゆえに
amenable to 〜	熟	〜に馴染みやすい
relaxing	形	落ち着いた
way of life	熟	生活様式
dominate	動	〜を支配する
return to 〜	熟	〜に戻ること
facilitate	動	〜を促進する
soul	名	魂
evolve	動	進化する

❼

speaking of which	熟	そういえば
it's time for 〜 to V		
	熟	〜が V する時間だ
take a nap	熟	昼寝をする

Lesson
06

END　89

Lesson 07
問題文
LEVEL-6

07

単 語 数 ▶ 784 words
制限時間 ▶ 20 分
目標得点 ▶ 40 / 50点
DATE

■次の英文を読み，あとの設問に答えなさい。

"Facial Recognition Technology: the thin edge of the wedge"

by U. C. Mee (2019)

Exactly 70 years ago, we were warned of a future where our every action would be watched over by the government. This was introduced by George Orwell in his novel *Nineteen Eighty-Four*, wherein the leader "Big Brother" seeks to control (1) thoughts and behaviors by constantly observing them. As it happens, Orwell's vision of the future is mild in comparison to the one in store for us. Facial recognition technology is quickly turning the notion of individual privacy into a relic of the past. Worse, governments are not alone in advancing these systems: multinational corporations, online social media services, and even local grocery stores are pushing them along. Ironically, without serious and immediate government oversight, in the near future we will be watched by everyone all the time.

Facial recognition bears little resemblance to other biometric technologies currently in use, such as fingerprint identification or DNA analysis. We have no control over who captures, records, and analyzes images of our faces. Fingerprints and eye scans, which are used to secure our homes, phones, and computers, require (2). The problem with facial recognition systems is that individuals cannot control their personal data through a registration process. With phones, you understand such data will be secured on your personal device.

(3) recording your face, your friends might have more say in the matter than you yourself. Sharing photos with family and friends is natural, but it has also been essential to the development of this technology. The rapid growth of social media services that allow us to share photos with friends has allowed others to use our images in unforeseen ways. New artificial intelligence programs have pushed this technology to extremes. Today, they can identify an individual in an image more quickly than real people doing the same. At this rate, machines will soon know more about your social life than you do yourself.

Facial recognition technology has multiplied threats to our personal freedom. We have given permission to multi-billion-dollar companies to collect and use our personal information, including the images of our faces and those of our friends, and it seems they are free to target us in any way they choose. It will not be long until security cameras located in local stores are transformed into "customer recognition systems" that will constantly encourage you to buy more. Before you know it, it will be impossible to avoid "smart advertisements" that talk to you personally as you walk down the street.

Worse still, the potential for government abuse is frightening. The right to peaceful protest is guaranteed in most democracies; however, protestors are increasingly obliged to wear masks to protect their identities from surveillance cameras employed by the state. Governments may use the facial images to arrest or imprison peaceful demonstrators — obviously （ 4 ） of these systems. Free speech under constant surveillance is ultimately not free.

Misidentification is another serious issue. On several occasions, innocent people who （ 5 ） walked into and out of stores without buying anything were unknowingly marked by the security systems. On their next visit they were asked to leave the store immediately. Similarly, in 2018, the police used facial recognition technology to identify an 18-year-old student as a shoplifter.

Lesson
07

She was arrested; however, it turned out that the student was at a school dance when the crime was committed. The charges were eventually dropped, but this traumatic experience is the result of flaws in this technology. Now this student is suing the company to (6) the emotional distress it caused.

Indeed, news of racial bias linked to facial recognition errors seems to appear daily. The problem is that these technologies have been shown to more frequently misidentify people of color. This, in turn, can result in police officers conducting home or body searches that are not warranted. Since these mistakes largely affect communities of color, this (7) further inflame distrust of law enforcement. This has prompted widespread protests against police prejudice throughout the world.

Fortunately, there is some hope on the horizon. Concerned individuals have launched lawsuits against social media companies that one can hope will stop the collection and sharing of facial data. Protest marches are prompting discussion of possible reforms. In recent months, cities in California and Massachusetts passed laws to ban "live" facial recognition technology that surveys people in real time. Fingers crossed, the ultimate goal of national legislation may soon be within reach. Indeed, Orwell would surely have recognized the irony of a situation in which it is up to the government to guarantee our privacy from the all-seeing eyes of facial recognition technology.

【出題：慶應義塾大学(経済)】

（設問は次のページ）

（**1**） Which of the following would best fill the gap at（ 1 ）in the first
paragraph?

1 our	**2** the characters'
3 the readers'	**4** their

（**2**） According to the article, when was the novel mentioned in the first
paragraph published?

1 1914	**2** 1949
3 1951	**4** 1984

（**3**） Which of the following would best fill the gap at（ 2 ）in the second
paragraph?

1 activation from online servers

2 government authorization

3 passwords to work

4 users' consent to function

（**4**） Which of the following would best fill the gap at（ 3 ）in the third
paragraph?

1 As far as	**2** To the extent that
3 When it comes to	**4** Whenever

（**5**） In the 4th paragraph, which of the following does the author view as the
greatest threat to personal freedom posed by the widespread use of facial
recognition technology?

1 advertising companies	**2** government agencies
3 images of friends	**4** large corporations

（**6**） Which of the following would best fill the gap at（ 4 ）in the 5th
paragraph?

1 a convenient benefit	**2** a gross misuse
3 a smart application	**4** an inevitable consequence

(**7**)　Which of the following best fills the gap at (　5　) in the 6th paragraph?

  1 barely **2** hardly

  3 never **4** simply

(**8**)　Which of the following best fills the gap at (　6　) in the 6th paragraph?

  1 appeal to **2** compensate for

  3 cut up **4** make for

(**9**)　Which of the following best fills the gap at (　7　) in the 7th paragraph?

  1 could preferably **2** may potentially

  3 might necessarily **4** must possibly

Lesson

07

(**10**)　Which of the following does the author view as the most important source of "hope" in the 8th paragraph?

  1 city governments **2** individual citizens

  3 the federal government **4** widespread protests

(**11**)　Each of the following pairs of words contains a noun and a verb. Which of the pairs contains words that have the same stress (アクセント) pattern?

  1 the balance － to balance

  2 the conduct － to conduct

  3 the project － to project

  4 the rebel － to rebel

  5 the record － to record

解　答　用　紙					
(1)		(2)		(3)	
(4)		(5)		(6)	
(7)		(8)		(9)	
(10)		(11)			

解答・解説

（1） 第1段落の空所（ 1 ）に入れるのに，最も適切なものは次の選択肢のうちどれか？

1 私たちの   **②** 登場人物たちの

3 読者たちの   **4** 彼らの

▶**第1段落**第2文では，ジョージ・オーウェルの小説『1984』について書かれ
ている。his novel Nineteen Eighty-Four が関係副詞 wherein の先行詞となり，
関係副詞節内で小説のあらすじが紹介されている。よって小説の中の存在であ
る **2** が正解。他の選択肢では，意味が通らない。

（2） 記事によると，第1段落で書かれていた小説が出版されたのはいつか？

1 1914 年   **②** 1949 年

3 1951 年   **4** 1984 年

▶**第1段落**第1～2文の記述より，ジョージ・オーウェルの小説が出版され
たのは，この記事が書かれたちょうど 70 年前とわかる。記事が書かれたのは，
2019 年と記載があるため，**2** が正解。

（3） 第2段落の空所（ 2 ）に入れるのに，最も適切なものは次の選択肢のうちどれか？

1 オンラインサーバーからのアクティベーション

2 政府の承認

3 機能するパスワード

④ 使用者による機能への同意

▶**第2段落**では，顔認証と他の生体認証技術の相違点について書かれている。
第1文では「顔認証には，指紋認証や DNA 鑑定のような，現在使用されてい
る他の生体認証の技術との類似はほとんどない」と書かれており，また第2文
では「私たちには，私たちの顔の画像を誰が取り込み，記録し，解析するかを
制する力がない」ということが書かれている。よって指紋認証の場合は，逆に
私たちに control（権限）があると考えられるため，これを言い換えた **4** が正
解。他の選択肢に関連するような記述はない。

（4） 第3段落の空所（ 3 ）に入れるのに，最も適切なものは次の選択肢のうちどれか？

1 ～の及ぶ限りでは

2 ～という程度まで

③ ～のこととなると

4 （後ろに節を伴って）S が V するときはいつでも

▶重要表現 when it comes to ～（～のこととなると）を問う問題。**1**，**2**，**4**

はすべてＳＶが続くため，直後の recording your face とつなげることができる
のは **3** のみである。

（ 5 ）　第4段落で，広範囲に及ぶ顔認証技術の使用によって引き起こされた，個人
　　　　の自由に対する最も大きな脅威として著者が見ているのは次の選択肢のうちど
　　　　れか？

　　　　1　広告会社　　　　　　　　　　　**2**　政府機関
　　　　3　友人の画像　　　　　　　　　　**④**　大企業

　　　　▶**第4段落**第2文の and it seems 以降は「そして，彼らが選ぶいかなる方法で
　　　　も，自由に私たちを標的にすることができるように思われる」のように著者は
　　　　顔認証技術によって考えられる脅威について書いている。同文中の they は文
　　　　脈から multi-billion-dollar companies を指すと判断できるため，これを言い換
　　　　えた **4** が正解。**第4段落**第3～最終文は将来に対する著者の予想であり，実
　　　　際に引き起こされた脅威ではない。

（ 6 ）　第5段落の空所（ 4 ）に入れるのに，最も適切なものは次の選択肢のうちどれか？

　　　　1　便利な恩恵　　　　　　　　　　**②**　ひどい悪用
　　　　3　賢明な応用　　　　　　　　　　**4**　避けられない結果

　　　　▶**第5段落**第3文では前半と後半が ―（ダッシュ）でつながれていて，前半部
　　　　分の内容が後半部分で言い換えられている。前半部分の「平和的なデモ参加者
　　　　を逮捕したり投獄したりするために，政府が顔の画像を使うかもしれない」を
　　　　言い換えているのは **2** である。

（ 7 ）　第6段落の空所（ 5 ）に入れるのに，最も適切なものは次の選択肢のうちどれか？

　　　　1　かろうじて　　　　　　　　　　**2**　ほとんど…ない
　　　　3　決して…ない　　　　　　　　　**④**　ただ

　　　　▶空所直前の who は innocent people を先行詞とする主格の関係代名詞。**第6
　　　　段落**は誤認について述べた段落のため，**4** を入れて「**ただ**店の中に入ったり出
　　　　たりした罪のない人々」とするのが最も自然である。

（ 8 ）　第6段落の空所（ 6 ）に入れるのに，最も適切なものは次の選択肢のうちどれか？

　　　　1　～に訴える　　　　　　　　　　**②**　～を賠償する
　　　　3　～を細かく切る　　　　　　　　**4**　～に役立つ

　　　　▶「その会社が引き起こした**精神的な苦痛**に対し（ 6 ）ために，この学生は
　　　　会社を訴えている」から，**2** を入れるのが適切。

(9) 第7段落の空所（ 7 ）に入れるのに，最も適切なものは次の選択肢のうちどれか？

1 もしできれば ..... かもしれない　　**②** もしかすると ..... するかもしれない

3 必ず ..... かもしれない　　　　　**4** ひょっとしたら ..... しなければならない

▶すべての選択肢が助動詞と副詞の組み合わせになっている。選択肢のうち「これらの誤りは，有色人の共同体に大きく影響を及ぼすため，このことは（ 7 ）法律の施行の不信をさらに悪化させる（ 7 ）」の空所に入れて文の意味が通るのは **2** のみである。

(10) 第8段落の中で最も重要な「希望」の源として著者が見ているのは，次の選択肢のうちどれか？

1 市役所　　　　　　　　　　**②** 個々の国民

3 連邦政府　　　　　　　　　**4** 広範囲に及ぶ抗議

▶**第8段落**第1文「幸運にも，希望の兆しが見えている」の後に，続く文で「希望の兆し」について具体的に説明されている。Concerned individuals「関係者たち」による訴訟や Protest marches「抗議デモ」といった例が挙げられていることから，国民ひとりひとりによる動きが変化を起こそうとしていることを，著者が伝えようとしていると考えられる。よって **2** が正解。

(11) 名詞と動詞の組み合わせの単語のペアがある。同じアクセントのパターンを持つのはどのペアか？

① （名）balance [bǽləns]（安定，バランス）……… 第1音節

　　（動）balance [bǽləns]（バランスをとる）……… 第1音節

2 （名）conduct [ká:ndʌkt]（行為）……………… 第1音節

　　（動）conduct [kəndʌ́kt]（行う）……………… 第2音節

3 （名）project [prá:dʒekt]（企画，計画）………… 第1音節

　　（動）project [prədʒékt]（予測する，見積もる）…第2音節

4 （名）rebel [rébl]（反乱者）………………………第1音節

　　（動）rebel [ribél]（反乱を起こす）………………第2音節

5 （名）record [rékərd]（記録）………………………第1音節

　　（動）record [rikɔ́:rd]（記録する）………………第2音節

▶名詞と動詞で同じ位置にアクセントがあるのは **1** のみである。

Lesson
07

正　解					
(1) (3点)	2	**(2)** (4点)	2	**(3)** (5点)	4
(4) (4点)	3	**(5)** (5点)	4	**(6)** (5点)	2
(7) (5点)	4	**(8)** (5点)	2	**(9)** (5点)	2
(10) (5点)	2	**(11)** (4点)	1		

	（1回目）	（2回目）	（3回目）	CHECK YOUR LEVEL	
得点	／50点				0〜30点 ➡ *Work harder!* 31〜40点 ➡ *OK!* 41〜50点 ➡ *Way to go!*

[ ]＝名詞　□＝修飾される名詞　＜　＞＝形容詞・同格　（ ）＝副詞
S＝主語　V＝動詞　O＝目的語　C＝補語　′＝従節

"Facial Recognition Technology: the thin edge of the wedge"

by U. C. Mee (2019)

❶ (Exactly 70 years ago), we were warned (of a future ＜where our every action would be watched over (by the government)＞). This was introduced (by George Orwell) (in his novel *Nineteen Eighty-Four*, ＜wherein the leader "Big Brother" seeks [to control the characters' thoughts and behaviors (by constantly observing them)]＞). (As it happens), Orwell's vision ＜of the future＞ is mild (in comparison to the one ＜in store for us＞). Facial recognition technology is (quickly) turning the notion ＜of individual privacy＞ (into a relic ＜of the past＞). (Worse), governments are not alone (in advancing these systems): multinational corporations, online social media services, and even local grocery stores are pushing them (along). (Ironically), (without serious and immediate government oversight), (in the near future) we will be watched (by everyone) (all the time).

──────── 構文解説 ────────

1 This は前の内容を指す。wherein は「そこで，その場所で」の意味の関係副詞で，この文では wherein ＝ in which novel ということ。その節中は S′ seeks to do「S′ は〜しようと努める」という形。by constantly observing them は，通常の語順では最後に置く副詞の constantly を by の後ろに移動した形。

【和訳】

顔認証技術：重大なことになる小さな糸口

❶ 今からちょうど70年前，すべての行動が政府によって監視される未来について，私たちは警告された。これはジョージ・オーウェルによって，彼の小説『1984』の中で触れられた。小説の中で，指導者「ビッグブラザー」は登場人物を絶えず監視することで，彼らの思考や行動を管理しようと努めた。偶然にも，オーウェルの未来への先見の明は私たちにふりかかろうとしているものと比較すると程度の軽いものである。顔認証技術は個人のプライバシーの観念を過去の遺物へと急速に変えつつある。より悪いことに，これらの仕組みを前進させているのは政府だけではない。多国籍企業やオンラインソーシャルメディアサービス，そして地元の食料品店でさえも，それらをどんどん押し進めているのだ。皮肉にも，政府による本格的で即座な監督がなければ，近い将来に私たちは四六時中，みんなに見られることになるだろう。

重要語句リスト

facial recognition technology	名 顔認証技術
the thin edge of the wedge	熟 重大なことになる小さな糸口
❶	
exactly	副 ちょうど
warn A of B	熟 AにBを警告する
watch over ～	熟 ～を監視する
government	名 政府
introduce	動 ～（話題）を持ち出す
novel	名 小説
seek to V	熟 Vしようと努める
control	動 ～を管理する
thought	名 思考
behavior	名 行動
constantly	副 絶えず
observe	動 ～を監視する
as it happens	熟 偶然にも
vision	名 先見の明
mild	形 程度の軽い
in comparison to ～	熟 ～と比較すると
in store	熟 ふりかかろうとする
turn A into B	熟 AをBに変える
notion	名 観念
individual	形 個人の，個々の 名 個人
privacy	名 プライバシー
relic	名 遺物
past	名 過去
worse	副 より悪いことに
alone	形 だけで
advance	動 ～を促進する
system	名 仕組み
multinational corporation	名 多国籍企業
online social media service	名 オンラインソーシャルメディアサービス
even	副 ～さえ
local	形 地元の
grocery store	名 食料品店
push along	熟 どんどん押し進める
ironically	副 皮肉にも
without	前 ～がなければ
serious	形 本格的な
immediate	形 即座の
oversight	名 監督
in the near future	熟 近い将来に
all the time	熟 四六時中

Lesson 07

❷ Facial recognition bears little resemblance <to other biometric technologies> <currently in use>, (such as fingerprint identification or DNA analysis)>. We have no control (over [who captures, records, and analyzes images <of our faces>]). Finger-prints and eye scans, <which are used (to secure our homes, phones, and computers)>, require users' consent <to function>. The problem <with facial recognition systems> is [that individuals cannot control their personal data (through a registration process)]. (With phones), you understand [such data will be secured (on your personal device)].

15

20

❸ (When it comes to [recording your face]), your friends might have more say in the matter (than you yourself). [Sharing photos (with family and friends)] is natural, but it has (also) been essential (to [the development] <of this technology>). The rapid growth <of social media services <that allow us to share photos (with friends)>> has allowed others to use our images (in unforeseen ways). New artificial intelligence programs have pushed this technology (to extremes). (Today), they can identify an individual <in an image> (more quickly) (than real people doing the same). (At this rate), machines will (soon) know (more) about your social life (than you do (yourself)).

25

---

❷文全体は，S require O「S は O を必要とする」の構造。S の後ろの which ～ computers は，S に対する補足説明。be used to do は「～するために使われる」。最後の to function の意味上の主語は S で，「指紋と眼球のスキャンが機能するために（利用者の同意を必要とする）」ということ。require O to do「O が～することを要求する」ではない点に注意。

❸文全体は，S [The rapid growth of X] has allowed O to do.「S [=X の急速な成長] は O が～することを可能にした」。that ～ friends は X（social media services）を修飾する関係詞節。

❷ 顔認証には，指紋認証や DNA 鑑定のような，現在使用されている他の生体認証の技術との類似はほとんどない。私たちには，私たちの顔の画像を誰が取り込み，記録し，解析するかを制する力がない。私たちの家や電話，コンピュータを守るために使われる指紋認証や目のスキャンは，使用者による機能への同意を必要とする。顔認証システムに関する課題は，個人が自分の個人情報を，登録過程を通じて管理することができないということだ。電話の場合には，そのような情報はあなたの個人的な機器上で守られるとあなたも理解しているだろう。

❸ あなたの顔を記録するということとなると，あなた自身よりもあなたの友人の方が口を出す権利があるかもしれない。家族や友人と写真を共有するのは当たり前のことだが，それもまた，この技術の発展にとって不可欠なのだ。私たちが友人たちと写真を共有するのを可能にしているソーシャルメディアサービスの急速な成長は，他人が私たちの画像を思いがけない方法で使うことを可能にした。新しい人工知能プログラムがこの技術を極度まで押し進めた。今日，人工知能プログラムは，本物の人々が同じことをするよりも速く，画像の中の個人を特定することができる。この速さでは，機械はすぐにあなた自身よりも，あなたの社会生活についてより多くを知るようになるだろう。

❷

□ bear	動 ～を持つ
□ resemblance to ～	熟 ～との類似
□ biometric	形 生体認証の
□ currently	副 現在
□ in use	熟 使用中で
□ such as ～	熟 ～のような
□ fingerprint identification	名 指紋認証
□ DNA analysis	名 DNA 鑑定
□ have no control over ～	熟 ～を制する力がない
□ capture	動 ～を取り込む
□ record	動 ～を記録する
□ analyze	動 ～を解析する
□ image	名 画像
□ fingerprint	名 指紋
□ scan	名 スキャン
□ secure	動 ～を守る
□ require	動 ～を必要とする
□ user	名 使用者
□ consent to ～	熟 ～への同意
□ function	動 機能する
□ problem with ～	熟 ～に関する課題
□ individual	名 個人
□ data	名 情報
□ registration	名 登録
□ process	名 過程
□ understand	動 ～を理解する
□ such	形 そのような
□ device	名 機器

❸

□ when it comes to ～	熟 ～のこととなると
□ have a say in ～	熟 ～に決定権がある
□ natural	形 当たり前の
□ essential to ～	熟 ～にとって不可欠の
□ development	名 発展
□ rapid	形 急速な
□ growth	名 成長
□ allow O to V	熟 O が V するのを可能にする
□ others	代 他の人たち
□ in ... ways	熟 …な方法で
□ unforeseen	形 思いがけない
□ artificial intelligence	名 人工知能
□ extreme	名 極度
□ identify	動 ～を特定する
□ rate	名 速さ

Lesson

07

❹ Facial recognition technology has multiplied [threats] \<to our personal
　　S　　　　　　　　　　　V　　　　　　O
freedom>. We have given [permission] \<to multi-billion-dollar companies> (to
　　　　　　S①　V①　　　O①
collect and use our personal information), (including [the images] \<of our
faces> and [those] \<of our friends>), and it seems [they are free (to target us
　　　　　　　　　　　　　　　　　　　　　　　S②V②　C②S‴　V‴　C‴
(in [any way] \<they choose>))]. It will not be long (until [security cameras]
　　❹　　　　　　　　　　　　　　S　V　　　　　C　　　　　S′
\<located in local stores> are transformed (into ["customer recognition systems"]
　　　　　　　　　　　　　　V′
\<that will constantly encourage you to buy more>)). (Before you know it), it
　　　V″　　　　　　　　　O″　C″　　　　　　　　　　S′　V′　O′　S
will be impossible [to avoid ["smart advertisements"] \<that talk (to you)
V　　C　　　　　　　　　　　　　　　　　　　　　　　　　V″
(personally) (as you walk down the street)>].
　　　　　　　　S′　V′　　　　　O′

❺ (Worse still), [the potential] \<for government abuse> is frightening. [The
　　　　　　　　　　S　　　　　　　　　　　　　　　V　C　　　　　S
right] \<to peaceful protest> is guaranteed (in most democracies); (however),
　　　　　　　　　　　　　　　V
protestors are (increasingly) obliged to wear masks (to protect their identities
S　　　　V　　　　　　　　　　　　　　O
(from [surveillance cameras] \<employed by the state>)). Governments may use
　　　　　　　　　　　　　　　　　　　　　　　　　　　　S　　　　V
the facial images (to arrest or imprison peaceful demonstrators) —
O
(obviously) [a gross misuse] \<of these systems>. [Free speech] \<under
　　　　　　　　　　　　　　　　　　　　　　　　　　　　S
constant surveillance> is (ultimately) not free.
　　　　　　　　　　　V　　　　　　　　C

---

❹ It will not be long until [before] ～は「まもなく～するだろう」の意味。until 節の基本
構造は，S′ are transformed into X「S′ が変形されて X になる」。この X（"customer
recognition systems" の後ろに，that ～ more という関係詞節が続いている。encourage O
to do は「O を（励まして）～する気にさせる」。

❺ be obliged to do は「～することを余儀なくされる」の意味。to protect A from B は「A
を B から守るために」（目的を表す副詞的用法の不定詞）。employed by the state「国家に
よって使われる」は前の surveillance cameras を修飾する過去分詞句。

❹ 顔認証技術が持つ私たちの個人的な自由にとっての脅威は，大きく増大している。私たちは数十億ドル規模の会社に，自身や友人の顔画像を含む私たちの個人情報を集めて使う許可を与えてしまっている。そして，彼らが選ぶいかなる方法でも，自由に私たちを標的にすることができるように思われる。地元の店に設置された防犯カメラが，あなたに絶えずもっと買うようにけしかける「顧客認識システム」に変わるまでは長くないだろう。通りを歩いている間，直接話しかけてくる「スマート広告」を回避できなくなるのは，あなたがそれに気がつくよりも早いだろう。

❺ さらに悪いことには，政府の悪用の可能性はぞっとするものである。平和的な抗議に対する権利は大半の民主社会で保証されている。しかしながら，デモ参加者は国家によって採用された監視カメラから自分たちの身元を守るために，ますますマスクを着用しなければいけなくなっている。平和的なデモ参加者を逮捕したり投獄したりするために，政府が顔の画像を使うかもしれない。それは明らかにこれらのシステムのひどい悪用である。絶え間なく続く監視下での言論の自由とは，最終的には自由ではない。

❹
□ multiply	動 ～を大量に増やす
□ threat to ～	熟 ～にとっての脅威
□ freedom	名 自由
□ give B to A	熟 A に B を与える
□ permission to V	熟 V する許可
□ multi-billion-dollar company	名 数十億ドル規模の会社
□ include	動 ～を含む
□ it seems (that) S V	熟 S が V するように思われる
□ free to V	熟 自由に V することができる
□ target	動 ～を標的にする
□ until (that) S V	接 S が V するまで
□ security camera	名 防犯カメラ
□ locate	動 ～を設置する
□ transform A into B	熟 A を B に変える
□ customer	名 顧客
□ recognition	名 認識
□ constantly	副 絶えず
□ encourage O to V	熟 O が V するようにけしかける
□ before S V	接 S が V する前に
□ impossible to V	熟 V することができない
□ smart advertisement	名 スマート広告
□ talk to ～	熟 ～に話しかける
□ personally	副 直接に，個人的に
□ as S V	接 S が V する間
□ walk down ～	熟 ～を歩く

❺
□ worse still	熟 さらに悪いことには
□ potential for ～	熟 ～への可能性
□ abuse	名 悪用
□ frightening	形 ぞっとさせる
□ right to ～	熟 ～に対する権利
□ peaceful	形 平和的な
□ protest	名 抗議
□ guarantee	動 ～を保証する
□ democracy	名 民主社会
□ protestor	名 デモ参加者
□ increasingly	副 ますます
□ be obliged to V	熟 V しなければならない
□ mask	名 マスク
□ protect A from B	熟 A を B から守る
□ identity	名 身元
□ surveillance camera	名 監視カメラ
□ employ	動 ～を採用する，～を使う
□ state	名 国家
□ facial	形 顔の
□ arrest	動 ～を逮捕する
□ imprison	動 ～を投獄する
□ demonstrator	名 デモ参加者
□ obviously	副 明らかに
□ gross	形 ひどい
□ misuse	名 悪用
□ free speech	名 言論の自由
□ constant	形 絶え間なく続く
□ ultimately	副 最終的には，根本的に

❻ Misidentification is another serious issue. (On several occasions), innocent people <who (simply) walked (into and out of stores) (without buying anything)> were (unknowingly) marked (by the security systems). (On their next visit) they were asked to leave the store (immediately). (Similarly), (in 2018), the police used facial recognition technology (to identify an 18-year-old student (as a shoplifter)). She was arrested; (however), it turned out [that the student was (at a school dance) (when the crime was committed)]. The charges were (eventually) dropped, but this traumatic experience is the result <of flaws <in this technology>>. (Now) this student is suing the company (to compensate for the emotional distress <it caused>).

❼ (Indeed), news <of racial bias <linked to facial recognition errors>> seems [to appear daily]. The problem is [that these technologies have been shown (to (more frequently) misidentify people <of color>)]. This, (in turn), can result in police officers conducting home or body searches <that are not warranted>. (Since these mistakes (largely) affect communities <of color>), this may (potentially) (further) inflame distrust <of law enforcement>. This has prompted widespread protests <against police prejudice> (throughout the world).

50

55

60

---

❻ 文全体は，S were marked by 〜「S は〜よって印をつけられた」の構造。S は innocent people「無実の人々」の後ろに関係詞節 (who 〜 anything) が続いている。

❼ 文全体は，This can result in X 〜 ing.「このことは X が〜する結果になりうる」の構造。X に当たる police officers「警察官」は，動名詞 (conducting) の意味上の主語。that は home or body searches を先行詞とする主格の関係代名詞。

106

❻ 誤認がもう１つの深刻な問題である。何も買わずにただ店の中に入ったり出たりした罪のない人々が知らないうちに，警備システムによって印をつけられていたということが幾度もあった。次に店を訪れたとき，彼らは直ちに店を去るように言われた。同様に 2018 年，警察は顔認証技術を使って 18 歳の学生を万引き犯だと特定した。彼女は逮捕された。しかしながら万引きが起こったとき，その学生は学校のダンスパーティーにいたということがわかった。結局，告訴は取り下げられたが，この心的外傷を与える経験はこの技術の欠陥の結果である。今，その会社が引き起こした精神的な苦痛に対し賠償するために，この学生は会社を訴えている。

❼ 実際，顔認証エラーに関連した人種の偏見のニュースは毎日報じられているように思われる。問題は，これらの技術が有色人をより頻繁に誤認すると示されたことだ。これは，結果として，警察官が正当化されていない家宅捜索や身体検査を行うことにつながりうる。これらの誤りは，有色人の共同体に大きく影響を及ぼすため，このことはもしかすると法律の施行の不信をさらに悪化させるかもしれない。このことは世界中で警察の偏見に反対する広範囲に及ぶ抗議を引き起こしてきた。

Lesson
07

❻
misidentification	名	誤認
serious	形	深刻な
issue	名	問題
on several occasions	熟	幾度も
innocent	形	罪のない
simply	副	ただ
out of	熟	〜の外に
without Ving	熟	V しないで
unknowingly	副	知らないうちに
mark	動	〜に印をつける
security system	名	警備システム
ask O to V	熟	O に V するよう頼む
immediately	副	直ちに
similarly	副	同様に
shoplifter	名	万引き犯
turn out that S V	熟	S が V することがわかる
school dance	名	学校のダンスパーティー
commit a crime	熟	犯罪を犯す
drop a charge	熟	告訴を取り下げる
eventually	副	結局
traumatic	形	心的外傷を与える
flaw	名	欠陥
sue	動	〜を訴える
compensate for 〜	熟	〜を賠償する
emotional	形	精神的な
distress	名	苦痛

❼
indeed	副	実際，全く
racial	形	人種の
bias	名	偏見
link A to B	熟	A を B に関連づける
frequently	副	頻繁に
misidentify	動	〜を誤認する
person of color	名	有色人
in turn	熟	次に，結果として
〜 result in O Ving	熟	〜が原因で O が V する結果に終わる
police officer	名	警察官
conduct	動	〜を行う
search	名	捜索，検査
warrant	動	〜を正当化する
since S V	接	S は V するので
mistake	名	誤り
largely	副	大きく
affect	動	〜に影響を及ぼす
community of color	名	有色人種の共同体
potentially	副	もしかすると
inflame	動	〜を悪化させる
distrust	名	不信
law	名	法律
enforcement	名	施行
prompt	動	〜を引き起こす
widespread	形	広範囲に及ぶ
prejudice	名	偏見，先入観
throughout	前	〜の至る所に

❽ (Fortunately), there is some hope (on the horizon). **8** Concerned individuals
<u>V</u> <u>S</u>   <u>S</u>

have launched <u>lawsuits (against social media companies)</u> <that one can hope 65
V   O   S' V'

[will stop <u>the collection and sharing</u> <of facial data>]. Protest marches are
O'V'   O'   S   V

prompting <u>discussion</u> <of possible reforms>. (In recent months), <u>cities</u> <in
         O   S

California and Massachusetts> passed <u>laws</u> <to ban <u>"live" facial recognition</u>
                                V   O

<u>technology</u> <that surveys people (in real time)>>. (Fingers crossed), <u>the</u>
                     V'   O'   S

<u>ultimate goal</u> <of national legislation> may (soon) be (within reach). (Indeed), 70
                                                V

Orwell would (surely) have recognized <u>the irony</u> <of <u>a situation</u> <in which
S   V   O

it is up to the government [to guarantee <u>our privacy</u> <from <u>the all-seeing</u>
S' V'   O'

<u>eyes</u> <of facial recognition technology>>]>>.

8 文全体は，S have launched lawsuits against X.「S は X に対して訴訟を起こしている」の
構造。that は（will　stop の主語の働きをする）主格の関係代名詞で，先行詞は lawsuits
against X。that の後ろは，one can hope the lawsuits will stop ～「（一般の）人はその訴
訟が～を止めることを期待できる」と考えることができる。

❽ 幸運にも，希望の兆しが見えている。ソーシャルメディア会社に対して，顔データの収集と共有を止めるよう希望することができるという訴訟を関係者たちが始めた。抗議デモは可能な改善についての議論を促進している。ここ数カ月の間に，カリフォルニア州とマサチューセッツ州の都市で，リアルタイムで人々を調べる「生の」顔認証技術を禁止する法律が通過した。国全体の法律という究極の目標はすぐに手の届くところにくるかもしれないと幸運を祈っている。実際，顔認証技術のすべてを見ている目から私たちのプライバシーを保証するかどうかが政府次第であるという状況の皮肉を，オーウェルならきっと認めただろう。

❽

☐ fortunately	副	幸運にも
☐ hope	名	希望
☐ on the horizon	熟	兆しが見えて
☐ concerned	形	関係している
☐ launch	動	～を始める
☐ lawsuit	名	訴訟
☐ hope (that) S V	熟	S が V することを望む
☐ stop	動	～を止める
☐ collection	名	収集
☐ protest march	名	抗議デモ
☐ discussion	名	議論
☐ possible	形	可能な
☐ reform	名	改善
☐ in recent months	熟	ここ数ヶ月の間に
☐ pass a law	熟	法律を通過させる
☐ ban	動	～を禁止する
☐ live	形	生の
☐ survey	動	～を調べる
☐ in real time	熟	リアルタイムで
☐ fingers crossed	熟	成功を祈りながら
☐ ultimate	形	最終の
☐ goal	名	目標
☐ national	形	国全体の
☐ legislation	名	法律
☐ within reach	熟	手の届くところに
☐ surely	副	きっと
☐ recognize	動	～を認める
☐ irony	名	皮肉
☐ situation	名	状況
☐ up to ～	熟	～次第で
☐ privacy	名	プライバシー
☐ all-seeing	形	全てを見ている

Lesson
07

END

単 語 数 ▶ 1069 words
制限時間 ▶ 20 分
目標得点 ▶ 40 / 50点

DATE

■次の英文は，イギリスのウェールズ地方の灯台を舞台にした物語である。これを読み，あとの設問に答えなさい。

The old lighthouse was white and round, with a little door, a circular window at the top, and the huge lamp. The door was usually half open, and one could see a spiral staircase. It was so inviting that one day I couldn't resist going inside, and, once inside, going up. I was thirteen, a cheerful, black-haired boy; I could enter places then that I can't enter now, slip into them lightly and (1a) (1b) (1c) my not (1d) (1e).

I climbed the spiral staircase and knocked on the door up at the top. A man came to open it who seemed the image of what a lighthouse-keeper ought to be. He smoked a pipe and had a gray-white beard.

"Come in, come in," he said, and (A)immediately, with that strange power some people have to put you at ease, he made me feel at home. He seemed to consider it most natural that a boy should come and visit his lighthouse. Of course a boy my age would want to see it, his whole manner seemed to say — there should be more people interested in it, and more visits. He practically made me feel he was there to show the place to strangers, almost as if that lighthouse were a museum or a tower of historical importance.

(B)Well, it was nothing of the sort. There were the boats, and they depended on it. Looking out, we could see the tops of their masts. Outside the harbor was the Bristol Channel, and opposite, barely visible, some thirty miles away, the coast of Somerset.

"And this," he said, "is a barometer. When the hand goes down, a storm is in the air. Small boats better watch out. Now it points to 'Variable.' That means it doesn't really know what is going to happen — just like us. And that," he added proudly, like someone who is leaving the (**2a**) thing for

25　the (**2b**), "is the lamp."

I looked up at the enormous lens with its powerful bulb inside.

"And this is how I switch it on, at sunset." He went to a control box near the wall and put his hand on a lever.

(**3**), but he did, and the light came on, slowly and powerfully. I could

30　feel its heat above me, like the sun's. I smiled delightedly, and he looked satisfied. "Beautiful! Lovely!" I cried.

"It stays on for three seconds, then off for two. One, two, three; one, two," he said, timing it, like a teacher giving a piano lesson, and the light seemed to obey. He certainly knew just how long it stayed lit. "One, two, three," he said,

35　his hand went down, and the light went off. Then with both hands, like the Creator, he seemed to ask for light, and the light came.

I watched, thrilled.

"Where are you from?" he asked me.

"Italy."

40　"Well, all the lights in (**4a**) parts of the world have a (**4b**) rhythm. A ship's captain, seeing this one and timing it, would know which one it was."

I nodded.

"Now, would you like a cup of tea?" he said. He took out a blue-and-white

45　cup and saucer and poured the tea. Then he gave me a biscuit. "You must come and see the light after dark sometime," he said.

Late one evening, I went there again. The lamp's flash lit up a vast stretch of the sea, the boats, the beach, and the dark that followed seemed more than ever dark — so dark that (C)the lamp's light, powerful as it was, seemed not much stronger than a match's, and almost as short-lived.   50

At the end of the summer, I went home to Italy. For Christmas, I bought a *panforte* — a sort of fruitcake, the specialty of the town I lived in — and sent it to the lighthouse-keeper. I didn't think I would see him again, but the very next year I was back in Wales — not on a holiday this time but running away from the war. One morning soon after I arrived, I went to the lighthouse, only   55 to find that the old man had retired.

"He still comes, (5)," the much younger man who had taken over said. "You'll find him sitting outside here every afternoon, weather permitting."

I returned after lunch, and there, sitting on a bench beside the door of the lighthouse, smoking his pipe, was my lighthouse-keeper, with a little dog.   60 (D)He seemed heavier than the year before, not because he had gained weight but because he looked as though he had been put down on the bench and would not easily get off it without help.

"Hello," I said. "Do you remember me? I came to see you last year."

"Where are you from?"   65

"From Italy."

"Oh, I used to know a boy from Italy. An awfully nice boy. Sent me a fruitcake for Christmas."

"That was me."

"Oh, he was a fine boy."   70

"I was the one who sent it."

"Yes, he came from Italy — an awfully nice boy."

(E-a)"Me, me, that was me," I insisted.

He looked straight into my eyes for a moment, then away. I felt like a thief, someone who was trying to take somebody else's place without having a   75 right to it. "Ay, he was an awfully nice boy," he repeated, as though the visitor

112

he saw now could never match last year's.

　And seeing that he had such a nice memory of me, I didn't insist further; I didn't want to spoil the picture.　I was at that time of life when suddenly boys turn awkward, lose what can never be regained — a certain early freshness — and enter a new stage in which a hundred things combine to spoil the grace of their performance.　I couldn't see this change, this awkward period in myself, of course, but, standing before him, I felt I never could — never could possibly — be as nice as I had been a year before.

　"Ay, he was an awfully nice boy," the lighthouse-keeper said again, and he looked lost in thought.

　(E-b)"Was he?" I said, as if I were talking of someone whom I didn't know.

【出題：東京大学（前期日程）】

Lesson
08

（**1**）　（　**1a**　）〜（　**1e**　）に入る最も適切なものを，次の選択肢の中から1つずつ選びなさい。

1 about 　　　**2** being 　　　**3** welcome

4 without 　　　**5** worrying

（**2**）　下線部(A)を和訳しなさい。

（**3**）　文脈から判断して，下線部(B)が意味している最も適切なものを，次の選択肢の中から1つ選びなさい。

1 Thanks to the boats, the lighthouse was highly popular with visitors.

2 The significance of the lighthouse was practical rather than historical.

3 The lighthouse was worthless compared to museums or historical towers.

4 Although boats still depended on it, the lighthouse also functioned as a museum.

（**4**）　（　**2a**　），（　**2b**　）に入る最も適切なものを，次の選択肢の中から1つずつ選びなさい。

1 best 　　　**2** last 　　　**3** least 　　　**4** most

（**5**）　（　**3**　）に入る最も適切なものを，次の選択肢の中から1つ選びなさい。

1 I was surprised to see the lever

2 I was sure he'd wait until sunset

3 I asked him to show me how it worked

4 I didn't think he'd switch it on just for me

（**6**）　（　**4a**　），（　**4b**　）に共通して入る語を英語1語で書きなさい。

（**7**）　下線部(C)を和訳しなさい。

（**8**）　（　**5**　）に入る最も適切なものを，次の選択肢の中から1つ選びなさい。

1 maybe 　　　**2** then 　　　**3** though 　　　**4** yet

(9) 下線部(D)から判断して，語り手が受けた印象として考えられる最も適切なものを，次の選択肢の中から１つ選びなさい。

1 He looked old and tired.

2 He looked eager to leave.

3 He looked as strong as ever.

4 He looked less interesting than before.

(10) 下線部 **(E-a)** と **(E-b)** の２つの発言の間で，語り手の老人への接し方にはどのような変化が見られるか。40 〜 60 字の日本語で書きなさい。ただし，句読点も字数に含める。

解 答 用 紙			
(1)	(1a)	(1b)	(1c)
	(1d)	(1e)	
(2)			
(3)			
(4)	(2a)	(2b)	
(5)		**(6)**	
(7)			
(8)		**(9)**	
(10)			

解答・解説

（1） 「without worrying about my not being welcome（4 → 5 → 1 → my not → 2 → 3）」が正解。まず，my not に注目し，my を意味上の主語とした動名詞が続くと考えてみる（続く形は worrying about か being welcome）。次に，残った without と直前の and に注目する。and は同じ形，同じ品詞を並べるので，この and が並列しているものは，副詞の lightly（軽々と）と **without が作る副詞句**であることが選択肢の品詞からわかる。また，without worrying about 〜（〜については心配しないで）とすれば，lightly の並列としても意味的におかしくないので，そこから正解へたどり着ける。

（2） 「with that strange power some people have to put you at ease」は，some people have が that strange power を先行詞とした目的格の関係代名詞節としなければ，文法的に成り立たないということが見抜けるかどうかがポイント。to put you at ease は，power を修飾する不定詞の形容詞的用法なので，some people have to put you at ease（あなたをくつろがせなければならない人もいる）と誤読しないように注意が必要。

（3） **1** 船のおかげで，その灯台は訪問者に非常に人気があった。
   ② その灯台の重要性は，歴史的というよりはむしろ実用的なものだった。
   3 その灯台は，博物館や歴史的な塔と比べると価値がなかった。
   4 船はまだ灯台を頼りにしていたが，その灯台は博物館としての役割も果たしていた。
   ▶下線部は「もっとも，それ［その灯台］は決してその種のものではなかった」が直訳。the sort は，直前の文にある a museum or a tower of historical importance を指している。また，下線部直後に「船があり，それらは［灯台］に頼っていた」とあることから，その灯台は**歴史的な重要性はなく，実用的なもの**であったことがわかるので，**2** が正解と判断できる。

（4） **1** 最も良い   **2** 最後の
   3 最も小さい   **4** 最も多い
   ▶「『〜それからあれが…』と彼は，（ 2a ）ものを（ 2b ）に残している人のように，誇らしげに付け加えた。『ランプだ』」が文意。灯台守は，灯台の命とも言える**ランプ**を，**誇らしげに**，**最後に付け加える**形で述べているので，「**一番いいものを最後に残している人のように**」と考えれば，文脈にも一致する。

よって，（　2a　）は**1**，（　2b　）は**2**が正解となる。

（**5**）　**1**　私はそのレバーを見て驚いた
　　　　2　彼が日没まで待っているだろうと私は確信していた
　　　　3　私は彼に，それがどのようにして動くのかを見せてくれるよう頼んだ
　　　④　私だけのためにスイッチを入れてくれるとは思わなかった
　　　▶空所直後 but he did の代動詞 did が指すものを考えれば答えは導ける。続く and the light came on, slowly and powerfully（ライトがゆっくりと力強く点灯した）から，did はライトをつけるための動作「switched it on」とわかるので，**4** が正解と判断できる。また，空所直後に逆接 but があるので，「してくれないと思っていたが，してくれた」という内容になるものを選ぶ。

（**6**）　「世界の（　4a　）場所の灯台は全部，（　4b　）リズムを持っている」が文意。直後の文に「船長はこのライトを見て，時間を計ることによって，それがどこの灯台かがわかる」と述べていることから，灯台はそれぞれ**違った**リズムを持っていることがわかる。よって，**different** が入ると判断できる。

（**7**）　文の主語は the lamp's light，動詞が seemed であり，stronger と short-lived が補語である。powerful as it was の as はここでは譲歩を表し，「それ［ランプの光］は，強力ではあったけれど」の意味となる。この場合は「名詞／形容詞／副詞＋ as S V」の語順となり，powerful as it was は though it was powerful と書き換えができる。また，not は much［比較級の強調］を否定しており，not much ＋比較級（はるかに … ということはない，たいして … ない）となっている。最後に and almost as short-lived の後には，比較対象の as a match's light が反復を避けるため省略されていることに注意して訳せば良い。

（**8**）　**1**　たぶん　　　　　　　　　　**2**　それなら
　　　③　（文中・文尾で）でも　　　　**4**　（文頭で）しかし
　　　▶直前の文「あの老人はすでに**引退した**」と，空所を含む文「（　5　），彼は**今でも来るよ**」は，逆接の関係であることから，**文中・文尾で逆接の副詞として使える 3 が正解と判断できる。4** も逆接の意味はあるが，**文頭で用いるので不可。**

（**9**）　①　彼は老いて疲れているように見えた。
　　　　2　彼は立ち去りたがっているように見えた。

3 彼は相変わらず丈夫そうに見えた。

4 彼は以前ほど人の関心をひく人ではないように見えた。

▶ not because S₁ V₁ but because S₂ V₂ (S₁ が V₁ するからではなく，S₂ が V₂ するからだ) がポイント。そこから，「彼は前年より重そうに見えた」のは，「まるでベンチの上に座らされて，**助けを借りないと簡単には降りられないかのように見えた**」からであることがわかる。この文から，**助けなしには動き回ることもできないほど疲れている印象**を受けたことがわかるので，**1** が正解と判断できる。

(10)　(E-a) では「僕，僕，それが僕なんだ」と言い張り，「老人 (灯台守) が記憶している男の子とは自分である」ことを思い出させようとしていることが読み取れる。その後，**第8段落** (本文78～79行目) の「そうして彼が私にそれほど良い思い出を持っているとわかり，私はそれ以上言い張らなかった。イメージを壊したくなかったからだ」という流れを受けて，(E-b) では，自分であるにも関わらず「he」と発言している。つまり，老人に認識してもらうことを諦め，老人の思い出を大切にし，それを壊さないように話を合わせる接し方になったことが読み取れる。

Lesson

08

正　解		
(1) (5点【完答】)	(1a) **4**　　　　(1b) **5**　　　　(1c) **1**		
	(1d) **2**　　　　(1e) **3**		
(2) (7点)	ある種の人々が持つ，相手を和ませるあの不思議な力で，彼は すぐに私をくつろいだ気分にしてくれた。		
(3) (4点)	**2**		
(4) (5点【完答】)	(2a) **1**　　　　(2b) **2**		
(5) (4点)	**4**	**(6)** (4点)	different
(7) (7点)	そのランプの光は，強力ではあったけれど，マッチの光とそれほど強 さが変わらず，マッチとほとんど同じくらいはかないものに見えた。		
(8) (4点)	**3**	**(9)** (4点)	**1**
(10) (6点)	老人の記憶の中の少年が自分であることを思い出させようとする接し 方から，思い出を壊さないように話を合わせる接し方になった。(60字)		

得点	(1回目) ／50点	(2回目)	(3回目)	CHECK YOUR LEVEL	0〜30点 ➡ *Work harder!* 31〜40点 ➡ *OK!* 41〜50点 ➡ *Way to go!*

[ ]=名詞　☐=修飾される名詞　< >=形容詞・同格　( )=副詞
S=主語　V=動詞　O=目的語　C=補語　'=従節

❶ The old lighthouse was white and round, (with a little door, a circular window (at the top), and the huge lamp). The door was (usually) half open, and one could see a spiral staircase. It was (so) inviting that (one day) I couldn't resist [going inside], and, (once inside), [going up]. I was thirteen, a cheerful, black-haired boy; I could enter places (then) <that I can't enter (now)>, slip into them ((lightly) and (without [worrying about [my not being welcome]])).

❷ I climbed the spiral staircase and knocked on the door <up at the top>. A man came (to open it) <who seemed the image <of what a lighthouse-keeper ought to be>>. He smoked a pipe and had a gray-white beard. "Come in, come in," he said, and (immediately), (with that strange power <some people have> <to put you at ease>), he made me feel at home. He seemed to consider it most natural [that a boy should come and visit his lighthouse]. [(Of course) a boy <my age> would want [to see it]], his whole manner seemed to say — [there should be more people <interested (in it)>, and more visits]. He (practically) made me feel [he was (there) (to show the place (to strangers)), ((almost) as if that lighthouse were a museum or a tower <of historical importance>)].

・・・・・・・・・・・・・・ 構文解説 ・・・・・・・・・・・・・・

1 文全体は，I could enter places 〜，slip into them「私は〜の場所に入り，それら（の場所）に忍び込むことができた」の構造。that I can't enter now は places を先行詞とする関係詞節。without worrying about my not being welcome は「私が歓迎されないことについて心配せずに」の意味（my は動名詞の意味上の主語）。

2 and が 2 つの文を結び付けている。後半は he made me feel at home「彼は私をくつろいだ気分にさせた」の前に with 以下の副詞句が置かれている。to put you at ease はこの名詞句を修飾する形容詞的用法の不定詞。

【和訳】

❶ その古い灯台は白くて円筒状をしており，小さなドアと，てっぺんに丸窓が1つと，大きなランプがついていた。ドアはたいてい半開きになっていて，らせん階段が見えた。それが非常に魅力的だったので，ある日我慢できずに中に入り，いったん中に入ると上に行ってみたい気持ちを抑えきれなくなった。私は13歳の元気な黒髪の男の子で，その頃は，今となっては入れないような場所に入り，歓迎されないことなどはおかまいなしにそのような場所に軽々と忍び込むことができた。

❷ 私はらせん階段を登り，てっぺんのドアをノックした。いかにも灯台守のイメージ通りに見える男性が，ドアを開けるためにやって来た。彼はパイプをふかし，灰白色のひげをはやしていた。

「お入り，お入り」と彼は言い，ある種の人々が持つ，相手を和ませるあの不思議な力で，彼はすぐに私をくつろいだ気分にしてくれた。彼は，男の子が自分の灯台を訪れるのはごく当然だと思っているようだった。私の年頃の男の子なら見たがるのは当然だ，と彼の態度のすべてが語っているようだった――もっと多くの人が興味を持って，もっと大勢訪ねてくるべきだと。実際に私は彼の話を聞いて，ほとんどまるでその灯台が博物館や歴史的に重要な塔であるかのように，よそから来た人たちにその場所を案内するために彼はそこにいるのだ，という感じさえするのだった。

重要語句リスト

❶

☐ lighthouse	图	灯台
☐ round	厖	丸い
☐ circular	厖	円形の
☐ huge	厖	非常に大きい
☐ lamp	图	ランプ
☐ spiral staircase	图	らせん階段
☐ so ... that S V	熟	非常に…なのでSはVする
☐ inviting	厖	魅力的な
☐ one day	熟	ある日
☐ can't resist Ving	熟	我慢できずにVする
☐ go inside	熟	中へ入る
☐ once inside	熟	ひとたび中へ入れば
☐ cheerful	厖	元気な，陽気な
☐ black-haired	厖	黒髪の
☐ slip into ～	熟	～に忍び込む
☐ lightly	副	軽々と
☐ worry about ～	熟	～について心配する
☐ welcome	厖	歓迎される

❷

☐ climb	動	～を登る
☐ knock on ～	熟	～をノックする
☐ image	图	イメージ，像
☐ what S ought to be	熟	Sのあるべき姿
☐ lighthouse-keeper	图	灯台守
☐ smoke a pipe	熟	パイプをふかす
☐ gray-white	厖	灰白色の
☐ beard	图	あごひげ
☐ immediately	副	すぐに
☐ put ～ at ease	熟	～を気楽にさせる
☐ make ～ V	熟	～にVさせる
☐ feel at home	熟	くつろぐ
☐ consider it ... that S V	熟	SがVするのは…だと思う
☐ natural	厖	当然の
☐ come and V	熟	Vしにくる
☐ ～ one's age	熟	…の年齢の～
☐ whole	厖	全体の
☐ manner	图	態度
☐ practically	副	実際に，ほとんど
☐ stranger	图	よそから来た人
☐ as if S V	接	まるでSがVするかのように
☐ museum	图	博物館
☐ historical	厖	歴史的な
☐ importance	图	重要性

Lesson

08

❸ (Well), it was nothing <of the sort>. There were the boats, and they depended on it. (Looking out), we could see the tops <of their masts>. (Outside the harbor) was the Bristol Channel, and (opposite), (barely visible), (some thirty miles away), the coast <of Somerset>.

"And this," he said, "is a barometer. (When the hand goes down), a storm is (in the air). Small boats better watch out. (Now) it points to 'Variable.' That means [it doesn't (really) know [what is going to happen] — (just like us)]. And that," he added (proudly), (like someone <who is leaving the best thing (for the last)>), "is the lamp."

I looked up (at the enormous lens <with its powerful bulb (inside)>).

"And this is [how I switch it on, (at sunset)]." He went (to a control box <near the wall>) and put his hand (on a lever).

I didn't think [he'd switch it on ((just) for me)], but he did, and the light came on, (slowly and powerfully). I could feel its heat (above me), (like the sun's). I smiled (delightedly), and he looked satisfied. "Beautiful! Lovely!" I cried.

"It stays (on) (for three seconds), (then) (off) (for two). One, two, three; one, two," he said, (timing it), (like a teacher <giving a piano lesson>), and the light seemed to obey. He (certainly) knew [(just) how long it stayed lit].

❸ もっとも，その灯台は決してそんなものでは
なかった。船があり，それらは灯台に頼ってい
た。外を見ると，マストのてっぺんが見えた。港
の外側はブリストル海峡で，反対側には，30 マ
イルほど向こうにサマセットの海岸がかろうじて
見えた。

　「それからこれが」と彼は言った。「気圧計だ。
針が下がると，嵐が近い。小船は気をつけた方が
いい。今，針は『変わりやすい』を指している。
こいつにも，何が起こるかよくわからないという
意味だ―俺たちと同じだ。それからあれが…」と
彼は，一番いいものを最後に残している人のよう
に，誇らしげに付け加えた。「ランプだ」。

　私は強力な電球が中に入っている巨大なレンズ
を見上げた。

　「それで，日暮れにはこうやってスイッチを入
れるんだ」彼は壁の近くの制御ボックスに行き，
レバーに手を置いた。

　彼が私だけのためにスイッチを入れてくれると
は思わなかったが，彼はスイッチを入れ，ライト
がゆっくりと力強く点灯した。私は，頭の上に太
陽のような熱を感じた。私は喜んでほほえみ，彼
は満足そうだった。「きれいだ！　素敵だね」と
私は叫んだ。

　「ライトは 3 秒ついたままで，それから 2 秒消
える。1，2，3。1，2」と彼は言いながらピアノ
のレッスンをする教師のように時間を計り，ライ
トはそれに従っているようだった。彼はまさにど
のくらいの間ライトが点灯しているかを正確に知
っていた。

❸

□ ~ of the sort	熟	その種の~
□ depend on ~	熟	~に頼る
□ look out	熟	外を見る
□ mast	名	マスト
□ outside	前	~の外に
□ harbor	名	港
□ Bristol Channel	名	ブリストル海峡
□ opposite	副	向こう側に
□ barely	副	かろうじて
□ visible	形	見える
□ mile	名	マイル
□ coast	名	海岸
□ Somerset	名	サマセット（地名）
□ barometer	名	気圧計
□ hand	名	（計器の）針
□ go down	熟	下がる
□ storm	名	嵐
□ in the air	熟	（気配が）漂っている
□ better V	熟	V する方がよい
□ watch out	熟	気をつける
□ point to ~	熟	~を指す
□ variable	形	変わりやすい
□ mean (that) S V	熟	S が V することを意味する
□ not really V	熟	本当には V しない
□ just like ~	熟	ちょど~のように
□ proudly	副	誇らしげに
□ leave ~ for the last	熟	~を最後まで残しておく
□ look up at ~	熟	~を見上げる
□ enormous	形	巨大な
□ lens	名	レンズ
□ powerful	形	強力な
□ bulb	名	電球
□ this is how S V	熟	このようにして S は V する
□ switch ~ on	熟	~のスイッチを入れる
□ at sunset	熟	日暮れに
□ control box	名	制御ボックス
□ lever	名	レバー
□ come on	熟	（明かりが）つく
□ powerfully	副	力強く
□ heat	名	熱
□ above	前	~の上方に
□ delightedly	副	喜んで
□ look C	動	C のように見える
□ satisfied	形	満足している
□ lovely	形	美しい，見事な
□ stay C	動	C のままである
□ on	副	点灯して
□ second	名	秒
□ off	副	消灯して
□ time	動	時間を計る
□ obey	動	従う
□ certainly	副	確かに
□ lit	動	明かりをつける
		light-lit-<u>lit</u>

Lesson
08

"One, two, three," he said, his hand went down, and the light went off.
(Then) (with both hands), (like the Creator), he seemed to ask for light, and the light came.

I watched, (thrilled).

"Where are you from?" he asked me.

"Italy."

"(Well), all the lights <in different parts of the world> have a different rhythm. A ship's captain, (seeing this one and timing it), would know [which one it was]."

I nodded.

"(Now), would you like a cup of tea?" he said. He took out a blue-and-white cup and saucer and poured the tea. (Then) he gave me a biscuit. "You must come and see the light (after dark) (sometime)," he said.

❹ (Late one evening), I went (there) (again). The lamp's flash lit up a vast stretch of the sea, the boats, the beach, and the dark <that followed> seemed more than ever dark — (so) dark that the lamp's light, (powerful (as it was)), seemed not much stronger (than a match's), and (almost) (as short-lived).

---

3 beach の後ろの and が２つの文を結び付けている。前半は S lit up A, B, C「S が A と B と C を照らした」の構造（本来は必要な C の前の and が省略されている）。後半は the dark seemed C「暗闇は C のように思われた」の構造。ダッシュの後ろは直前の dark に（どのくらい暗かったかという）詳しい説明を加えている。powerful as it was は though it was powerful の意味。not much stronger than ～は「～よりあまり強くはない」。

124

「1，2，3」と彼が言い，彼の手が下りると，ライトは消えた。それから，彼は神様のように両手で光を求めるように見え，そしてライトがついた。

　私は，ぞくぞくしながら見ていた。

「どこから来たんだい」と彼は私に尋ねた。

「イタリアだよ」

「そうか，世界のいろんな場所の灯台は全部，それぞれ違ったリズムを持っているんだ。船長はこのライトを見て，時間を計ることによって，それがどこの灯台かがわかるんだ」

　私はうなずいた。

「さあ，お茶でもどうだい」と彼は言った。彼は青と白のカップと受け皿を取り出し，紅茶を注いだ。それから私にビスケットを1枚くれた。「いつかぜひ，暗くなってから灯台を見に来るといい」と彼は言った。

❹　ある晩遅く，私は再びそこへ行った。ランプの閃光は，広大に広がる海と船と浜辺を照らし，その後に続く暗闇はよりいっそう暗く見えた。その闇がとても暗いので，そのランプの光は，強力ではあったけれど，マッチの光とそれほど強さが変わらず，マッチとほとんど同じくらいはかないものに見えた。

☐ go off	熟	（明かりが）消える
☐ the Creator	名	神，創造主
☐ ask for ～	熟	～を求める
☐ thrill	動	ぞくぞくさせる
☐ rhythm	名	リズム
☐ ship's captain	名	船長
☐ nod	動	うなずく
☐ saucer	名	受け皿
☐ pour	動	～を注ぐ
☐ biscuit	名	ビスケット，クッキー
☐ after dark	熟	暗くなった後で
❹		
☐ flash	名	閃光
☐ light up ～	熟	～を照らす
☐ vast	形	広大な
☐ stretch	名	広がり
☐ follow	動	後に続く
☐ ..... as S V	接	S は ..... V するけれども
☐ short-lived	形	はかない，短命の

Lesson
08

❺ (At the end of the summer), I went (home) (to Italy). (For Christmas), I   55
　　　　　　　　　　　　　　　　　S　V
bought a *panforte* — < a sort of fruitcake , < the specialty < of the town < I
V①　　　O①　　　　　　　　　　　　　　　　　　　　　　　　　　　　　　　　S″
lived in>>>> — and sent it (to the lighthouse-keeper). I didn't think [I would
V″　　　　　　　　V②　O②　　　　　　　　　　　　　　　S　V　　　　　O:S′ V′
see him (again)], but (the very next year) I was (back) (in Wales) — not (on
O′　　　　　　　　　　　　　　　　　　　　　　S　V
a holiday) (this time) but (running away (from the war)). (One morning) (soon
after I arrived), I went (to the lighthouse), (only to find [that the old man had   60
　　　S′ V′　　　S　V　　　　　　　　　　　　　　　　　　　　　　S′　　　　　V′
retired]).

　　"He (still) comes, (though)," the much younger man <who had taken
　　O:S″　　V″　　　　　　　　　　　　　　S　　　　　　　　　V′
over> said. "You'll find him sitting (outside here) (every afternoon), (weather
　　　　V　　　　S′ V′　　O′　　C′
permitting)."

❻ I returned (after lunch), and (there), (sitting on a bench <beside the door   65
　　S　V
<of the lighthouse>>), (smoking his pipe), was my lighthouse-keeper, (with a
　　　　　　　　　　　　　　　　　　　　　V　　S
little dog). He seemed heavier (than the year (before)), not (because he had
　　　　　　S　V　　　C　　　　　　　　　　　　　　　　　　　　　　S′　V′
gained weight) but (because he looked (as though he had been put down (on
　　　　O′　　　　　　　　　S′　V′　　　　　　　S″　V″①
the bench) and would not (easily) get off it (without help))).
　　　　　　　　V″②　　　　　　　　　O″②

❺ その夏の終わりに，私はイタリアへ帰国した。クリスマス用に私は自分の住む町の特産品のフルーツケーキの一種であるパンフォルテを買い，あの灯台守に送った。彼と再び会うことはないと思ったが，まさにその翌年，私は再びウェールズに戻った。今回は休暇ではなく，戦争から逃れるためだった。到着してまもないある朝，私は灯台へ行ったが，あの老人はすでに引退したことがわかった。

「でも，彼は今でも来るよ」と，後任のずっと若い男は言った。「天気がよければ，毎日午後にはここの外に座っているんだ」

❻ 昼食後に戻ると，そこで灯台のドアのそばのベンチに腰を降ろしてパイプをくゆらせていたのは，私の（会いたかった）灯台守であり子犬を連れていた。彼は前年より重そうに見えたが，それは体重が増えたからではなく，まるでベンチの上に座らされて，助けを借りないと簡単には降りられないかのように見えたからだった。

❺

☐ at the end of ~	熟	～の終わりに
☐ fruitcake	名	フルーツケーキ
☐ specialty	名	特産品，名物
☐ the very ~	熟	まさにその～
☐ Wales	名	ウェールズ
☐ not A but B	熟	A でなく B
☐ run away from ~	熟	～から逃げる
☐ soon after S V	熟	S が V してまもなく
☐ ....., only to V	熟	..... が結局 V するに終わる
☐ retire	動	引退する
☐ still	副	今もなお
☐ take over	熟	引き継ぐ
☐ weather permitting	熟	天候が許せば

❻

☐ gain weight	熟	太る
☐ look as though S V	熟	まるで S が V するかのように見える
☐ put down ~	熟	～を下へ置く
☐ get off ~	熟	～を降りる

Lesson
08

❼ "Hello," I said. "Do you remember me? I came (to see you) (last year)." ⁷⁰
<small>O S V S' V' O' S' V'</small>

"Where are you from?"
<small>V S</small>

"From Italy."

"Oh, I used to know [a boy] <from Italy>. An awfully nice boy. Sent me
<small>S V O V O(A)</small>
a fruitcake (for Christmas)."
<small>O(B)</small>

"That was me." ⁷⁵
<small>S V C</small>

"(Oh), he was a fine boy."
<small>S V C</small>

"I was [the one] <who sent it>."
<small>S V C V' O'</small>

"Yes, he came (from Italy) — an awfully nice boy."
<small>S V</small>

"Me, me, that was me," I insisted.
<small>O S' V' C' S V</small>

He looked (straight) into my eyes (for a moment), (then) (away). I felt like ⁸⁰
<small>S V O S V</small>
[a thief], <[someone] <who was trying to take somebody else's place (without
<small>O V' O'</small>
having [a right] <to it>)>>. "(Ay), he was an awfully nice boy," he repeated,
<small>O S' V' C' S V</small>
(as though [the visitor] <he saw (now)> could never match last year's).
<small>S' S" V" V' O'</small>

128

❼「こんにちは」と私は声をかけた。「僕のこと
を覚えてる？去年あなたに会いに来たんだけど」

「どこから来たんだね」

「イタリアからだよ」

「ああ，イタリアから来た男の子を知っていた
よ。とてもいい子だった。クリスマスにフルーツ
ケーキを送ってくれたんだ」

「それが僕だよ」

「ああ，あの子はいい子だった」

「僕がケーキを送った子だよ」

「そうだ，あの子はイタリアから来た，とても
いい子だった」

「僕，僕，それが僕なんだ」と私は言い張った。

彼はしばらくの間私の目をまっすぐ見つめて，
目をそらした。私は，そうする権利もないのに他
人に取って代わろうとする泥棒のような気持ちに
なった。「そうだ，あれはとてもいい子だった」
と，まるで今見ている訪問客が，去年の訪問客と
は決して比べものにならないとでも言わんばかり
に，彼は繰り返した。

❼

☐ used to V	熟	以前は V したものだ
☐ awfully	副	とても，すごく
☐ insist	動	言い張る，主張する
☐ for a moment	熟	しばらくの間
☐ thief	名	泥棒
☐ take ～'s place	熟	～に取って代わる
☐ right to ～	熟	～の権利
☐ ay	間	ああ，おお
☐ visitor	名	訪問者，客
☐ match	動	～に匹敵する

Lesson

08

❽ And (seeing [that he had 　such a nice memory　 <of me>]), I didn't insist
　　　　　　　　　　　 S̋　V̋　　　　　Ő　　　　　　　 S　V
(further); I didn't want 　to spoil the picture　.　 I was (at 　that time of life　) 　85
　　　　　S　　V　　　　　　　O　　　　　　 ❹ 　 S　V　　　　　　　　　　　
<when (suddenly) boys turn awkward, lose 　what can never be regained　 —
　　　　　　　　　　 S̍　 V̍①　C̍①　　V̍②　O̍②S̋　 V̋̋
<a certain early freshness> — and enter 　a new stage　 <in which a hundred
　　　　　　　　　　　　　　　　　　V̍③　　 O̍③　　　　　　　　　 S̋
things combine (to spoil 　the grace　 <of their performance>)>>. I couldn't see
　　　　 V̋　　　　　　　　　　　　　　　　　　　　　　　　　　 S　V
　this change　, <　this awkward period　 <in myself>>, (of course), but, (standing
　　O
before him), I felt [I never could — never could possibly — be (as nice as I 　90
　　　　　　 S　V　O̍S̍　V̍̍
had been (a year before))].

　"(Ay), he was an awfully nice boy," the lighthouse-keeper said (again), and
　 O　 S̍　V̍　　　　C̍　　　　　　　　　　 S　　　　　 V
he looked lost in thought.
S　 V　　C
　"Was he?" I said, (as if I were talking of 　someone　 <whom I didn't know>).
　 O　　　 S　V　　　　 S̍　V̍　　　　　　　 O̍　　　　　 S̋　 V̋

❹ I was at that time of life は「私はあの［例の］人生の時期にいた」の意味で，that は後ろ
　 に関係詞節（when ～）が続くことを予告する働きをしている。when 節は boys の後ろに 3
　 つの V がA［turn ～］, B［lose ～］and C［enter ～］の形で並んでいる。ダッシュには
　 さまれた a ～ freshness は，前の what ～ regained「二度と取り戻せないもの」の具体的
　 な説明。in which 以下は a new stage を先行詞とする関係詞節。combine to spoil ～は
　 「結びついて～を台無しにする」の意味（to spoil は結果を表す副詞的用法の不定詞）。

❽ そうして彼が私にそれほど良い思い出を持っているとわかり，私はそれ以上言い張らなかった。イメージを壊したくなかったからだ。私は，男の子が突然不器用になり，二度と取り返せないもの，つまりある種の子供らしいみずみずしさを失い，いろんなことが結びついてその子の行動の魅力を台無しにするような新しい段階に入り込む人生の時期を迎えていた。私がこの変化，つまり自分がこの不器用な時期にあることを理解できなかったのは言うまでもないが，彼の前に立った私は，自分が前の年と同じようないい子には決して，どうやっても，なれないと感じていた。

「そう，あれはとてもいい子だった」と灯台守は再び言い，もの思いにふけるような顔をした。

「そうだったの」と，私は自分の知らない人について話しているかのように言った。

❽

☐ further	圓 さらに
☐ spoil	動 ～を台無しにする
☐ picture	名 イメージ，像
☐ suddenly	圓 突然
☐ turn C	動 C になる
☐ awkward	形 不器用な
☐ regain	動 ～を取り戻す
☐ a certain ～	熟 ある一定の～
☐ freshness	名 みずみずしさ
☐ combine	動 結びつく
☐ grace	名 魅力，優美さ
☐ performance	動 行い，仕草
☐ never ..... possibly	熟 決して ..... ない
☐ (be) lost in thought	熟 もの思いにふけっている
☐ talk of ～	熟 ～について話す

Lesson

08

END   131

LEVEL-6

Lesson 09
問題文

単語数 ▶ 1076 words
制限時間 ▶ 20 分
目標得点 ▶ 40 /50点

DATE

■地図を参照しながら次の説明文（斜字体部分）と物語文を読み，あと
の設問に答えなさい。

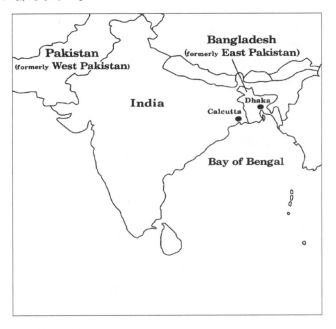

*The modern country of Bangladesh, with its capital in Dhaka, is the eastern
half of the area traditionally known as Bengal; the western half, with its capital
in Calcutta, is part of India. Although the people of the two halves of Bengal
speak the same language, they are divided by religion, the majority of the
population in the east being Muslim, and the majority in the west Hindu. When
the whole of this part of the world was part of the British Empire, Bengal was a
single province. In 1947, when the British left, the British Empire in India was
divided into two independent countries; India, with a largely Hindu population,*

5

and Pakistan, with a largely Muslim population. The latter consisted of West
10 *Pakistan (now Pakistan), and East Pakistan (previously the eastern half of*
Bengal, now Bangladesh). As a result of this division—known as Partition—
many Muslims fled from India into one of the two parts of Pakistan, and many
Hindus fled from the two parts of Pakistan into India. This exchange of
population was very violent; it has been estimated that about 500,000 people
15 *were killed. More than a million people moved from East Pakistan to the*
western half of Bengal in India; the grandmother in the passage below was one of
those people. In 1971, East Pakistan gained its independence from Pakistan and
became Bangladesh.

A few weeks later, at dinner, my father, grinning hugely, pushed an
20 envelope across the table to my grandmother. 'That's for you,' he said.

'What is it?' she said suspiciously.

'Go on,' he said. 'Have a look.'

She picked it up, opened it and had a look inside. 'I can't tell,' she said.
'What is it?'

25 My father burst into laughter. 'It's your plane ticket,' he said. 'For
Dhaka—for the third of January.'

That night, for the first time in months, my grandmother seemed really
excited. When I went up to see her, before going to bed, I found her pacing
around the room, her face flushed, her eyes shining. I was delighted. It was
30 the first time in my eleven-year-old life that she had presented me with a
response that I could fully understand—since I had never been on a plane
myself, it seemed the most (1) thing in the world to me that the prospect
of her first flight should fill her with excitement. But I couldn't help worrying
about her too, for I also knew that, unlike me, she was totally ignorant about
35 aeroplanes, and before I fell asleep that night I made up my mind that

Lesson
09

(**2a**) that (**2b**) before (**2c**). But soon enough it was apparent to me that it wasn't going to be easy to educate her: I could tell from the direction of the questions she asked my father that, (A) left to herself, she would learn nothing about aeroplanes.

For instance, one evening when we were sitting out in the garden she wanted to know whether she would be able to see the border between India and East Pakistan from the plane. When my father laughed and said, why, did she really think the border was a long black line with green on one side and scarlet on the other, like it was in a schoolroom map, (B) she was not so much offended as puzzled.

'No, that wasn't what I meant,' she said. 'Of course not. But surely there's something—a fence perhaps, or soldiers, or guns pointing at each other, or even just strips of empty land. Don't they call it no-man's land?'

My father was already an experienced traveller. He burst out laughing and said, 'No, you won't be able to see anything except clouds and perhaps, if you're lucky, some green fields.'

His laughter irritated her. 'Be serious,' she said. 'Don't talk to me as though I were a secretary in your office.'

Now it was his (**3**) to be offended: it upset him when she spoke sharply to him within my hearing.

'That's all I can tell you,' he said. 'That's all there is.'

My grandmother thought this over for a while, and then she said, 'But if there isn't a fence or anything, (C) how are people to know? I mean, where's the difference then? And if there's no difference, both sides will be the same; it'll be just like it used to be before, when we used to catch a train in Dhaka and get off in Calcutta the next day without anybody stopping us. (D) What was it all for then—Partition and all the killing and everything—if there isn't something in between?'

'I don't know what you expect, Ma,' my father said. 'It's not as though you're flying over the Himalayas into China. This is the modern world. The border isn't on the frontier: it's right inside the airport. You'll see. You'll cross it when you have to fill in all those official forms and things.'

My grandmother shifted nervously in her chair. 'What forms?' she said. 'What do they want to know about on those forms?'

My father scratched his forehead. 'Let me see,' he said. 'They want your nationality, your date of birth, place of birth, that kind of thing.'

(E) My grandmother's eyes widened and she sank back in her chair. 'What's the matter?' my father said in alarm.

With an effort she sat up straight again and smoothed back her hair. 'Nothing,' she said, shaking her head. 'Nothing at all.'

I could see then that she was going to (　4　) up in a hopeless mess, so I took it upon myself to ask my father for all the essential information about flying and aeroplanes that I thought she ought to have at her (　5　)—I was sure, for example, that she would roll the windows down in mid-air unless I warned her not to.

It was not till many years later that I realised it had suddenly occurred to her then that she would have to fill in 'Dhaka' as her place of birth on that form, and that the prospect of this had worried her because she liked things to be neat and in place — and at that moment she had not been able quite to understand how her place of birth had come to fit so uncomfortably with her nationality.

Lesson
09

【出題：東京大学(前期日程)】

（ 1 ）　（　1　）に入る最も適切なものを，次の選択肢の中から1つ選びなさい。

    1　boring　　　**2**　natural　　　**3**　unexpected　　**4**　unusual

（ 2 ）　（　2a　）〜（　2c　）に入る最も適切なものを，次の選択肢の中から1つずつ選びなさい。

    1　she left　　　　　　　　　**2**　I grew up

    3　she is ready to go　　　　　**4**　she should travel

    5　I would make sure　　　　　**6**　she was properly prepared

（ 3 ）　下線部(A)を和訳しなさい。

（ 4 ）　下線部(B)の意味に最も近いものを，次の選択肢の中から1つ選びなさい。

    1　彼女はいらだちよりもむしろ困惑の表情を浮かべた。

    2　彼女は怒りもしなければ困った顔ひとつ見せなかった。

    3　彼女は当惑というよりはむしろ怒りの表情を見せた。

    4　彼女はどうしたら良いかわからずにムッとしていた。

（ 5 ）　（　3　）に入る最も適切なものを，次の選択肢の中から1つ選びなさい。

    1　order　　　　**2**　reason　　　**3**　round　　　**4**　turn

（ 6 ）　下線部(C)の後に言葉を続ける場合，その言葉として最も適切なものを，次の選択肢の中から1つ選びなさい。

    1　where the border is　　　　**2**　how far they have come

    3　which way they are going　　**4**　when to show their passport

（ 7 ）　下線部(D)を和訳しなさい。ただし，it の内容がわかるように訳すこと。

（ 8 ）　下線部(E)に表現されている祖母の気持ちとして最も適切なものを，次の選択肢の中から1つ選びなさい。

    1　angry　　　　**2**　excited　　　**3**　joyful　　　**4**　troubled

（**9**）（　4　）に入る最も適切なものを，次の選択肢の中から1つ選びなさい。

 1 catch   **2** end   **3** hang   **4** put

（**10**）（　5　）に入る最も適切なものを，次の選択肢の中から1つ選びなさい。

 1 command **2** feet   **3** side   **4** understanding

（**11**）説明文と物語文の記述から推測される祖母の出身都市（city of birth），宗教（religion），国籍（nationality）を，それぞれ英語1語で本文中から抜き出して書きなさい。

（**12**）説明文と物語文の記述から考えられるこの物語の時代設定として可能な年を，次の選択肢の中から1つ選びなさい。

 1 1946年 **2** 1963年 **3** 1972年 **4** 1989年

Lesson
09

解　答　用　紙		
（**1**）		
（**2**）	(2a) (2b)	
	(2c)	
（**3**）		
（**4**）　　　　（**5**）　　　　（**6**）		
（**7**）		
（**8**）　　　　（**9**）　　　　（**10**）		
（**11**）	city of birth：	
	religion：	
	nationality：	
（**12**）		

解答・解説

（1） **1** 退屈させる   ②当然の

     3 思いがけない   **4** 珍しい

▶空所を含む文は,「初めて飛行機に乗るという期待に彼女が感極まったのは, ごくごく（ 1 ）ことと思われた」が文意。「初めて飛行機に乗る」ということと,「感極まる［彼女を興奮で満たす］」ことの関係を考えれば, **2** が正解と判断できる。

（2） **1** 彼女が出発した   **2** 私は成長した

     3 彼女は行く準備ができている   **4** 彼女は旅行すべきだ

     5 必ず ..... するようにする   **6** 彼女は十分準備ができていた

▶空所を含む文は,「（ 2c ）までに（ 2b ）ように（ 2a ）と心に決めた」が文意。まず, 空所を含む文で,「祖母は飛行機については全くの無知なので心配だ」と述べられており, 空所直後の文では,「祖母を教育するのはそう簡単ではなさそうだとすぐに気づいた」とあることから, 著者は「祖母が出発する前に, 飛行機について教育し, 十分な準備ができるようにしてあげよう」と心に決めたと考えられる。後は時制の一致に注意しながら問題を解く。

（ 2a ）

直後が that 節なので, that 節をとる動詞を含む選択肢が入る。また, I made up my mind that に続いているので, that 節の中は著者がこれから行う未来の出来事であることに注目すれば, **5** が正解と判断できる。

（ 2b ）

直後に before があるので（ 2b ）の方が（ 2c ）よりも先に起こる出来事だとわかる。よって, 出来事の流れを考えれば,「出発する前に準備をする」のが自然な流れなので, **6** が正解と判断できる。

（ 2c ）

（ 2b ）の解説と同じように考えれば, **1** が正解と判断できる。**4** は before が作る副詞節中なので「時・条件を表す副詞節中では未来の文でも現在形」というルールから不適切。**3** も, 時制の一致により過去形にならなければならないので不適切。

（3） 構造から, 下線部は分詞構文であることがわかる。意味上の主語は主節 she would learn 〜の主語と同じ she なので, leave O to 〜（O を〜に任せる）を受け身の分詞構文にした (being) left to herself（彼女自身に任される）である。

また，主節の would learn から，この分詞構文は仮定条件を示していることもわかる。よって，飛行機について全く無知な祖母自身に任せるということは，「放っておく」ことを意味するので，「(**祖母を**) **放っておけば**」のように訳せば良い。

（ 4 ）　　重要表現 not so much A as B（A というよりむしろ B）の A に offended（気分［感情］を害した），B に puzzled（困惑した）が入った形になっている。よって，**1** が正解。

（ 5 ）　**1**　命令・順番・秩序・注文　　　　**2**　理由

　　　　3　1回り・1周　　　　　　　**④**　順番

　　▶**第 4 段落**（本文 52 行目）に「父の笑い声に彼女はムッとした」とあることから，空所を含む文は「今度は父が腹を立てる番だった」となると判断できる。よって，It is one's turn to V（〜が V する番である）となる **4** が正解。**1** の order にも順番という意味はあるが，成績順・番号順・年代順のように，秩序を持った順番に用いるので，この問題の解答としては不可。

（ 6 ）　**①**　国境はどこなのか

　　　　2　自分たちがどれほど遠くまで来たのか

　　　　3　自分たちがどの方向へ向かっているのか

　　　　4　いつパスポートを見せるべきなのか

　　▶「でも，塀も何もないのなら，どうしてみんなにわかるの」が文意。**第 4 段落**（本文 40 行目）の For instance 以降，話題の中心は「国境が見えるかどうか」についてである。よって，**1** が正解と判断できる。

（ 7 ）　　「それなら，それは全部一体何のためだったのか」が直訳。it all の内容は，下線部直後の「—（ダッシュ）」以降で補足されている「Partition and all the killing and everything」である。後は What ..... for（..... は何のためか），then（それなら），..... and everything（.....〔その他〕何もかも）などの表現に注意して訳せば良い。

（ 8 ）　**1**　怒った　　　　　　　　　　　**2**　興奮した

　　　　3　とても嬉しい　　　　　　　　**④**　不安な

　　▶下線部は「祖母の目が大きく開いた」が文意。このときの祖母の気持ちは，その後の様子からうかがうことができる。**第 4 段落**（本文 74 行目）の「彼女は何とかまっすぐに座り直し」，**第 5 段落**（本文 76 行目）の「祖母がどうしようもない混乱に落ち込みそうだ」から，**4** が正解と判断できる。

（ **9** ）　　空所直後の up in がヒント。end up in 〜（最後には〜になる）となる **2** が正解。**1** は catch up on 〜（〜の遅れを取り戻す），catch up with 〜（〜に追いつく），**3** は hang up（電話を切る），**4** は put up with 〜（〜を我慢する）なので，**2** 以外は意味も形も合わない。

（ **10** ）　　空所を含む文の「all the essential information 〜 that I thought she ought to have at her （ 5 ）」の that 以降は，all the essential information を先行詞とする，have の O（目的語）が抜けた目的格の関係代名詞節である。もとの文に戻すと I thought は挿入なので，「she ought to have all the essential information at her （ 5 ）」となり，have 〜 at one's command（〜を自由に使える）の意味で使える **1** が正解と判断できる。直後に続く for example で始まる文には，「やらないようにきつく言っておかなければ，彼女はきっと上空で窓を下げて開けようとするだろう」とあることからも，祖母がどうしても知っておくべきだと思われる重要な情報を自由に使いこなせるレベルにしておかなければならないと著者が考えていることが読み取れる。

（ **11** ）　city of birth（生まれた都市）
　　　　第 **6 段落**（本文 82 行目）に「出生地として『ダッカ』と記入しなければならない」と書かれている。
religion（宗教）
　　　　本文「多数のヒンドゥー教徒がパキスタンの 2 つの地域からインドへ逃れた」，「100 万以上の人々が東パキスタンからインド領内のベンガルの西半分へ移住した。下記の話に登場する祖母は，そうした人々のうちの 1 人であった」から，**Hinduism**（ヒンドゥー教）だとわかる。**Hindu**（ヒンドゥー教徒）も可。
nationality（国籍）
　　　　説明文と第 **6 段落**から，出生地が Dhaka（東パキスタン）のはずなのに，自分の出生地が自分の国籍と違うと述べていることから考える。パキスタンからインドへ逃れてきたことがわかっているので，国籍は **India**（インド）であることがわかる。

（ **12** ）　　大英帝国が植民地としていたインドが 2 つの独立国となった後の話であり，説明文から 1947 年以降だとわかる。また，第 **4 段落**（本文 40 〜 42 行目）に「彼女［祖母］はインドと東パキスタンの国境を見ることができるのかどうかを知りたがった」とあるので，バングラデシュの独立以前，つまり説明文より 1971 年以前とわかる。よって，この条件に当てはまる **2** が正解とわかる。

正　解				
(1) (5点)	**2**			
(2) (5点【完答】)	(2a)　**5**		(2b)　**6**	
	(2c)　**1**			
(3) (4点)	（祖母を）放っておけば			
(4) (3点)	**1**	**(5)** (3点)	**4**	**(6)** (3点)　**1**
(7) (6点)	それなら，分離独立や殺戮やすべてのことは，一体何のためだったのか。			
(8) (3点)	**4**	**(9)** (3点)	**2**	**(10)** (3点)　**1**
(11) (各3点)	city of birth：Dhaka religion：Hinduism（Hindu） nationality：India			
(12) (3点)	**2**			

得点	（1回目） ／50点	（2回目）	（3回目）	CHECK YOUR LEVEL	0〜30点 ➡ *Work harder!* 31〜40点 ➡ *OK!* 41〜50点 ➡ *Way to go!*

構造確認

[ ]＝名詞 ▢＝修飾される名詞 ＜ ＞＝形容詞・同格 （ ）＝副詞
S＝主語 V＝動詞 O＝目的語 C＝補語 ＇＝従節

❶ **1** [<u>The modern country of Bangladesh</u>], ＜*with its capital* (*in Dhaka*)＞, *is* <u>*the*</u>
　S　　　　　　　　　　　　　　　　　　　　　　　　　　　　　　　　V　　C

<u>*eastern half*</u> ＜*of* [<u>*the area*</u>] ＜(*traditionally*) *known* (*as Bengal*)＞＞; [<u>*the western*</u>
　　　　　　　　　　　　　　　　　　　　　　　　　　　　　　　　　　　S

<u>*half*</u>], ＜*with its capital* (*in Calcutta*)＞, *is* <u>*part of India*</u>. (*Although* [<u>*the people*</u>]
　　　　　　　　　　　　　　　　　　　　V　　C　　　　　　　　　　　　　S'

＜*of* [<u>*the two halves*</u>] ＜*of Bengal*＞＞ <u>speak</u> <u>the same language</u>), *they are divided* (*by*
　　　　　　　　　　　　　　　　　　　V　　　O'　　　　　　S　　V

religion), ([<u>*the majority*</u>] ＜*of* [<u>*the population*</u>] ＜*in the east*＞＞ *being Muslim, and*
　　　5

[<u>*the majority*</u>] ＜*in the west*＞ *Hindu*). (*When* [<u>*the whole*</u>] ＜*of this part of the world*＞
　　　　　　　　　　　　　　　　　　　　　　　　　　　　　　S'

was part of the British Empire), <u>Bengal</u> *was* <u>a single province</u>. (*In 1947*), (*when*
　V'　C'　　　　　　　　　　　　　　　　　S　　V　　C

the British left), [<u>*the British Empire*</u>] ＜*in India*＞ *was divided* (*into* [<u>*two*</u>
　S'　　V'　　　　　　　　　　S　　　　　　　　　　　V

<u>*independent countries*</u>]; ＜[<u>*India*</u>], ＜*with a largely Hindu population*＞, *and*

[<u>*Pakistan*</u>], ＜*with a largely Muslim population*＞＞). <u>The latter</u> *consisted of* <u>*West*</u>
　　　　　　　　　　　　　　　　　　　　　　　　　　S　　V　　O①　　　　10

<u>*Pakistan*</u> ＜(*now Pakistan*)＞, *and* [<u>*East Pakistan*</u>] ＜((*previously*) [<u>*the eastern half*</u>]
　　　　　　　　　　　　　　　　　　　　O②

＜*of Bengal*＞, ＜*now Bangladesh*＞)＞. (*As a result of* [<u>*this division*</u>] — ＜*known* (*as*

Partition)＞ —) <u>many Muslims</u> <u>fled</u> (*from India into one of* [<u>*the two parts*</u>] ＜*of*
　　　　　　　S　　　V

Pakistan＞), *and* <u>many Hindus</u> <u>fled</u> (*from* [<u>*the two parts*</u>] ＜*of Pakistan*＞ *into India*).
　　　　　　　　　　S　　　V

[<u>*This exchange*</u>] ＜*of population*＞ *was very* <u>*violent*</u>; *it has been estimated* [*that* <u>*about*</u>
　S　　　　　　　　　　　　　V　　C　　　S　　V　　　　　　　　　　　S'　　　　15

<u>*500,000 people*</u> <u>*were killed*</u>].
　　　　　　　　　V'

　　　　　　　　　　　　　　　　　　　 構文解説

1 セミコロンが意味の切れ目になっている。前半は S is the eastern half of ～「S は～の東
　半分である」，後半は the western half is part of India「西半分はインドの一部である」の
　構造。with で始まる 2 つの句は「首都が～にある（という状況を伴って）」の意味。

【和訳】

❶ ダッカを首都とする現在のバングラデシュという国は、伝統的にベンガルという名で知られる地域の東半分であり、カルカッタを州都とする西半分はインドの一部である。ベンガルの両地域の人々は同じ言語を話すが、宗教によって分割されており、東側の人口の大多数はイスラム教徒、西側の大多数はヒンドゥー教徒である。この地域全体が大英帝国の一部であった時代には、ベンガルは1つの州だった。1947年にイギリス人が退去したとき、インドの大英帝国は2つの独立国、すなわち大部分がヒンドゥー教徒であるインドと、大部分がイスラム教徒であるパキスタンとに分かれた。後者は西パキスタン（現在のパキスタン）と東パキスタン（以前のベンガルの東半分、現在のバングラデシュ）から成っていた。この分割——パーティション（分離独立）として知られる——の結果、多数のイスラム教徒がインドからパキスタンの2つの地域のどちらかへ逃れ、多数のヒンドゥー教徒がパキスタンの2つの地域からインドへ逃れた。この人口の入れ替わりは非常に暴力的なものであり、約50万人の人々が殺されたと推定されている。

重要語句リスト

❶

☐ modern	形	現代の
☐ Bangladesh	名	バングラデシュ
☐ capital	名	首都、州都
☐ Dhaka	名	ダッカ
☐ eastern	形	東の
☐ area	名	地域、地方
☐ traditionally	副	伝統的に
☐ (be) known as ～	熟	～として知られている
☐ Bengal	名	ベンガル
☐ western	形	西の
☐ Calcutta	名	カルカッタ
☐ India	名	インド
☐ although S V	接	SはVするけれども
☐ divide	動	～を分ける
☐ religion	名	宗教
☐ majority	名	大多数
☐ population	名	人口
☐ Muslim	名	イスラム教徒
	形	イスラム教の
☐ Hindu	名	ヒンドゥー教徒
	形	ヒンドゥー教の
☐ whole	名	全体
☐ the British Empire	名	大英帝国
☐ single	形	1つの
☐ province	名	州
☐ divide A into B	熟	AをBに分割する
☐ independent	形	独立した
☐ largely	副	大部分は
☐ Pakistan	名	パキスタン
☐ the latter	名	後者
☐ consist of ～	熟	～から成る
☐ previously	副	以前は
☐ as a result of ～	熟	～の結果として
☐ division	名	分割
☐ Partition	名	パーティション（分離独立）
☐ fled	動	逃げる
		flee-<u>fled</u>-fled
☐ exchange	名	交換
☐ violent	形	暴力的な、激しい
☐ it is estimated that S V	熟	SがVすると推定される

Lesson **09**

143

More than a million people moved (*from East Pakistan to* the western half *<of* Bengal *<in India>>*); the grandmother *<in* the passage *<below>> was one of those people*. (*In 1971*), *East Pakistan gained its independence* (*from Pakistan*) *and became Bangladesh*.

20

❷ (A few weeks later), (at dinner), my father, (grinning hugely), pushed an envelope (across the table) (to my grandmother). 'That's (for you),' he said.

'What is it?' she said (suspiciously).

'Go on,' he said. 'Have a look.'

She picked it up, opened it and had a look (inside). 'I can't tell,' she said. 25
'What is it?'

My father burst into laughter. 'It's your plane ticket,' he said. 'For Dhaka — for the third of January.'

❸ (That night), (for the first time in months), my grandmother seemed (really) excited. (When I went up (to see her), (before going to bed)), I found her 30 pacing (around the room), (her face flushed), (her eyes shining). I was delighted. It was the first time *<in my eleven-year-old life>* [that she had presented me (with a response *<that I could (fully) understand>*)] — (since I had never been (on a plane) (myself)), it seemed the most natural thing *<in the world>* (to me) [that the prospect *<of her first flight>* should fill her (with 35 excitement)].

---

❷ since「〜なので」で始まる副詞節の後ろに、it seemed C to me that 〜「〜ということは私にとって C であるように思われた」が続いている形。it は後ろの that 節を指す形式主語。the prospect of 〜 should fill A with B は「〜の見込みは A を B で満たす」。この should はいわゆる「感情の should」で、前の natural（当然の）に呼応している。

144

100万以上の人々が東パキスタンからインド領内のベンガルの西半分へ移住した。下記の話に登場する祖母は，そうした人々のうちの1人であった。1971年，東パキスタンはパキスタンから独立を勝ち取り，バングラデシュとなった。

❷ 2，3週間後の夕食のとき，父はにやにやと笑い，テーブル越しに祖母に封筒を押し出した。「母さんにだよ」と父は言った。

「何なの」と祖母はけげんそうに尋ねた。

「さあ，見てごらん」と父は言った。

祖母は封筒を手に取り，開封して中を見た。「わからないわ。何なの」と彼女は言った。

父はどっと笑い出した。「母さんが乗る飛行機のチケットだよ」と父は言った。「ダッカ行きの，──1月3日の便だ」

❸ その夜，数か月ぶりに祖母は本当に興奮した様子だった。寝る前に祖母の顔を見に行くと，祖母は顔を紅潮させて目を輝かせ，部屋の中を行ったり来たりしていた。私は嬉しかった。祖母が，私が十分理解できる反応を示したのは，私の11年の人生の中で初めてのことだった──私自身もそれまで飛行機には一度も乗ったことがなかったので，初めて飛行機に乗るという期待に彼女が感極まったのは，ごくごく当然のことと思われた。

☐ more than ~	熟	～以上
☐ million	形	100万の
☐ move from A to B	熟	AからBへ移動する
☐ passage	名	文章，一節
☐ gain	動	～を獲得する
☐ independence from ~	熟	～からの独立

❷

☐ ~ later	副	～後に
☐ grin	動	（歯を見せて）にやにや笑う
☐ hugely	副	大きく
☐ envelope	名	封筒
☐ across	前	～を横切って
☐ suspiciously	副	疑わしそうに
☐ Go on	熟	さあ，やってごらん
☐ have a look	熟	見る
☐ pick ~ up	熟	～を拾い上げる
☐ inside	副	中に
☐ burst into laughter	熟	突然笑い出す

❸

☐ for the first time in ~	熟	～ぶりに
☐ go up	熟	（～の）方へ行く
☐ pace around ~	熟	～を歩き回る
☐ flush	動	紅潮させる
☐ shine	動	輝く
☐ delighted	形	喜んでいる
☐ present A with B	熟	AにBを見せる
☐ response	名	反応
☐ fully	副	十分に，完全に
☐ since S V	接	SはVするので
☐ natural	形	当然の
☐ in the world	熟	（形容詞の最上級を強めて）最も
☐ prospect	名	期待，見込み
☐ flight	名	飛行，空の旅
☐ fill A with B	熟	AをBで満たす
☐ excitement	名	興奮

Lesson
09

But I couldn't help worrying (about her) (too), for I (also) knew [that, (unlike me), she was (totally) ignorant (about aeroplanes)], and (before I fell asleep (that night)) I made up my mind that I would make sure [that she was (properly) prepared (before she left)]. But (soon enough) it was apparent (to **40** me) [that it wasn't going to be easy [to educate her]]: **3** I could tell (from the direction <of the questions <she asked my father>>) [that, (left to herself), she would learn nothing <about aeroplanes>].

❹ (For instance), (one evening) (when we were sitting (out) (in the garden)) she wanted [to know [whether she would be able to see the border <between **45** India and East Pakistan> (from the plane)]]. (When my father laughed and said, [(why), did she (really) think [the border was a long black line <with green (on one side) and scarlet (on the other)>, (like it was (in a schoolroom map))]]), she was not so much offended (as puzzled).

'No, that wasn't [what I meant],' she said. '(Of course) not. But (surely) **50** there's something — <a fence (perhaps), or soldiers, or guns <pointing at each other>, or (even just) strips <of empty land>>. Don't they call it no-man's land?'

My father was (already) an experienced traveller. He burst out laughing and said, 'No, you won't be able to see anything <except clouds and **55** (perhaps), (if you're lucky), some green fields>.'

3 文全体は, I could tell from X that 〜「私は X から〜ということがわかった」の構造。the questions (which) she asked my father は「彼女 [祖母] が父に尋ねた質問」。left to herself は分詞構文で, if she was left to herself「もし彼女自身に任せておけば」の意味。

146

しかし同時に，彼女のことを心配せずにいられな
かった。というのは，私と違って祖母は飛行機に
ついては全くの無知ということも，私は知って
いたからだ。そこで私はその晩眠りにつく前に，
祖母が出発するまでに必ず十分な準備ができるよ
うにしてあげようと心に決めた。しかし，祖母を
教育するのはそう簡単ではなさそうだとすぐに気
づいた。祖母が父に尋ねた質問の向きから考え
て，祖母を放っておけば，飛行機のことは何も学
ばないだろうとわかったからだ。

❹ 例えば，ある晩，私たちが庭に出て座ってい
たとき，祖母は飛行機からインドと東パキスタン
の国境を見ることができるのかどうかを知りたが
った。父が笑って，おやおや，母さんは本当に，
教室の地図みたいに国境とは片側が緑，もう片側
は深紅色の黒くて長い線だとでも思っていたのか
い，と言ったとき，祖母は気を悪くするよりもむ
しろ困惑していた。

「いいえ，そんなことが言いたかったんじゃな
いわ」と彼女は言った。「もちろん，そうじゃな
いでしょ。でも確かに何かがあるはずよ。もしか
したら塀とか，兵士とか，銃を互いに向け合って
いるとか，それとも細長い空き地だけかもしれな
いわ。そういうのを無人地帯って呼ぶんじゃない
の」

父はすでに，豊富な旅行経験を持っていた。父
はどっと笑い出して言った。「そうじゃないよ。
雲と，ひょっとして運がよければ緑地が少し見え
る以外は何も見えやしないさ」

- [ ] can't help Ving 【熟】Vせざるをえない
- [ ] worry about ～ 【熟】～について心配する
- [ ] ....., for S V 【熟】....., というのはSはVするからだ
- [ ] unlike 【前】～とは違って
- [ ] totally 【副】全く
- [ ] be ignorant about ～ 【熟】～を知らない
- [ ] fall asleep 【熟】眠り込む
- [ ] make up one's mind that S V 【熟】SがVするよう決心する
- [ ] make sure that S V 【熟】必ずSがVするように（確認）する
- [ ] properly 【副】適切に
- [ ] prepared 【形】準備ができている
- [ ] it is apparent to ～ that S V 【熟】SがVすることが～に明らかである
- [ ] educate 【動】～を教育する
- [ ] tell that S V 【動】SがVするとわかる
- [ ] direction 【名】傾向，方向
- [ ] leave O to ～ 【熟】Oを～に任せる

❹
- [ ] for instance 【熟】例えば
- [ ] whether S V 【接】SがVするかどうか
- [ ] border 【名】国境
- [ ] why 【間】おや
- [ ] scarlet 【名】深紅色
- [ ] like S V 【接】SがVするのと同様に
- [ ] not so much A as B 【熟】AというよりむしろB
- [ ] offend 【動】気分[感情]を害する
- [ ] puzzle 【動】困惑させる
- [ ] surely 【副】確かに
- [ ] fence 【名】塀
- [ ] perhaps 【副】ひょっとしたら，もしかしたら
- [ ] soldier 【名】兵士
- [ ] gun 【名】銃
- [ ] point at ～ 【熟】～をねらう
- [ ] each other 【代】お互い
- [ ] even ..... 【副】..... さえ
- [ ] strip 【名】細長い1片
- [ ] empty land 【名】空き地
- [ ] call O C 【熟】OをCと呼ぶ
- [ ] no-man's land 【名】無人地帯
- [ ] experienced 【形】経験の豊富な
- [ ] traveller 【名】旅行者
- [ ] burst out laughing 【熟】突然笑い出す
- [ ] except 【動】～を除いて

Lesson
09

His laughter irritated her. 'Be serious,' she said. 'Don't talk (to me) (as though I were a secretary <in your office>).'

(Now) it was his turn <to be offended>: it upset him (when she spoke (sharply) to him (within my hearing)). 'That's all <I can tell you>,' he said. 'That's all <there is>.'

My grandmother thought this over (for a while), and (then) she said, 'But (if there isn't a fence or anything), how are people to know? (I mean), where's the difference (then)? And (if there's no difference), both sides will be the same; it'll be just like it used to be before, <when we used to catch a train (in Dhaka) and get off (in Calcutta) (the next day) (without [anybody stopping us])>. What was it (all) for (then) — <Partition and all the killing and everything> — (if there isn't something (in between))?'

'I don't know [what you expect], (Ma),' my father said. 'It's not (as though you're flying over the Himalayas (into China)). This is the modern world. The border isn't (on the frontier): it's ((right) inside the airport). You'll see. You'll cross it (when you have to fill in all those official forms and things).'

My grandmother shifted (nervously) (in her chair). 'What forms?' she said. 'What do they want to know about (on those forms)?'

60

65

70

---

4 it はその場の状況を漠然と表す。just like ～は「～と全く同じだ」で，口語ではこの文の ように後ろに SV の形を置くことも多い。when 以下は before に補足説明を加えている。 without anybody stopping us は「誰も私たちを止めることなく」の意味（anybody は動名詞 の意味上の主語）。

　父の笑い声に彼女はムッとした。「まじめに話してちょうだい」と彼女は言った。「私がまるでおまえの会社の秘書であるかのように話さないでちょうだい」

　今度は父が腹を立てる番だった。私に聞こえるところで母親が自分にきつい言い方をすると、父はいら立った。「私が母さんに言えるのは、それだけだよ」と父は言った。「そこには、それだけしかないんだ」

　祖母はこの言葉をしばらく考え込み、それから言った。「でも、塀も何もないのなら、どうしてみんなにわかるの？つまり、それならどこが違うの？もし何も違わないのなら、どちら側も同じでしょ。昔と全く同じじゃない、ダッカで電車に乗って、誰にも止められないで、次の日にカルカッタで降りていたときと。それなら、それはすべて、一体何のためだったの——分離独立や殺戮やすべてのことは——もしも間に何もないのなら」

　「何を期待しているのかは知らないけど、母さん」と父は言った。「ヒマラヤ山脈を越えて中国へ飛んでいくようなことじゃない。ここは現代の世界なんだ。国境は（他国との）辺境地域にあるのではなく、空港の中にあるんだ。すぐにわかるよ。公式書類やらあれこれ記入しなくてはならないときに、国境を越えることになるんだ」

　祖母はいらいらして椅子に座り直した。「何の書類」と彼女は言った。「書類で何を知りたいというの」

laughter	名 笑い声，笑い
irritate	動 ～をいらいらさせる
serious	形 真剣な
as though S V	接 まるで S が V するかのように
secretary	名 秘書
it is one's turn to V	熟 ～が V する番である
upset	動 ～を怒らせる
sharply	副 厳しく
within one's hearing	熟 ～の聞こえるところで
That's all S can V	熟 S にできるのは V することだけだ
think ~ over	熟 ～を熟考する
for a while	熟 少し［しばらく］の間
used to V	熟 以前は V したものだ
get off	熟 降りる
without ~ Ving	熟 ～が V しないで
what ..... for	熟 ..... は何のためか
..... and everything	熟 .....（その他）何もかも
in between	熟 中間に
expect	動 ～を期待する，～を予期する
the Himalayas	名 ヒマラヤ山脈
frontier	名 国境，辺境
cross	動 ～を横断する，～を横切る
fill in ~	熟 ～に記入する
official	形 公式の
shift	動 移動する
nervously	副 いらいらして

My father scratched his forehead. 'Let me see,' he said. 'They want your $_{75}$
nationality, your date of birth, place of birth, that kind of thing.'

My grandmother's eyes widened and she sank back (in her chair).

'What's the matter?' my father said (in alarm).

(With an effort) she sat up (straight) (again) and smoothed back her hair.
'Nothing,' she said, (shaking her head). 'Nothing (at all).' $_{80}$

❺ I could see (then) [that she was going to end up (in a hopeless mess)], so
I took it (upon myself) [to ask my father for all the essential information
<about flying and aeroplanes> <that {I thought} she ought to have (at her
command)>] — I was sure, (for example), [that she would roll the windows
down (in mid-air) (unless I warned her not to)]. $_{85}$

❻ It was not (till many years later) that I realised [it had (suddenly) occurred
(to her) (then) [that she would have to fill in 'Dhaka' (as her place of birth)
(on that form)], and [that the prospect <of this> had worried her (because
she liked things <to be neat and (in place)>)]] — and (at that moment) she
had not been able (quite) to understand [how her place of birth had come to $_{90}$
fit (so uncomfortably) (with her nationality)]].

---

❺カンマの前後で文が2つに分かれている。前半はI could see that ～「私は～ということが
わかった」。後半はI took it upon myself to ask A for B「私はAにBを求める役目を引
き受けた」の構造。that は前の名詞句X (all ～ aeroplanes) を先行詞とする関係詞節を作
り，その節中ではI thought (that) she ought to have X at her command「私は彼女がX
を自由に使えるべきだと思った」のXに当たる働きをしている。

❻ It was not till many years later that ～「何年も後になって初めて～（一種の強調構文）」。
I realized (that) ～「私は～だと気づいた」に続く節中に，it occur to 人 that ～「～とい
う考えが（人）に浮かぶ」の形が使われている。

父は額をかいた。「そうだな」と彼は言った。「求められるのは，国籍と，生年月日と，出生地と，そんなようなことだよ」

祖母は目を丸くして，椅子の背にもたれかかった。

「どうしたんだい」と父は驚いて言った。

彼女は何とかまっすぐに座り直し，髪を後ろへなでつけた。「何でもないわ」と，彼女は首を振りながら言った。「本当に，何でもないわ」

❺ そのとき私は，祖母がどうしようもない混乱に落ち込みそうだとわかったので，空の旅や飛行機について祖母がどうしても知っておくべきだと思われる重要な情報を自由に使えるように，すべて父に聞く役目を引き受けた。例えば，やらないようにきつく言っておかなければ，彼女はきっと上空で窓を下げて開けようとするだろうと私は確信した。

❻ その後何年もたってようやく，そのとき祖母の頭に突然浮かんだことに私は気づいた。それは，書類に出生地として「ダッカ」と記入しなければならないこと，そしてそう考えるだけで彼女が不安になったことだ。なにしろ彼女は何でもきちんと整っているのを好んだためである——そしてあの瞬間，自分の出生地が自分の国籍とどうしてそんなに厄介に食い違っているのかが，彼女にはよく理解できなかったのである。

☐ scratch	動	～をひっかく
☐ forehead	名	額
☐ let me see	熟	ええっと
☐ date of birth	名	生年月日
☐ place of birth	名	出生地
☐ widen	動	大きく開く，広がる
☐ sink back in a chair	熟	椅子の背にもたれかかる
☐ What's the matter	熟	どうしたのか
☐ in alarm	熟	驚いて
☐ with an effort	熟	やっとの思いで，ようやく
☐ sit up straight	熟	まっすぐに座る
☐ smooth back one's hair	熟	髪を後ろになでつける
☐ shake one's head	熟	首を振る

❺

☐ end up in ～	熟	最後には～になる
☐ hopeless	形	どうしようもない，絶望的な
☐ mess	名	混乱
☐ take it upon oneself to V	熟	Vすることを引き受ける
☐ ask A for B	熟	AにBを求める
☐ essential	形	不可欠な [の]
☐ ought to V	熟	Vすべきである
☐ have ～ at one's command	熟	～を自由に使える
☐ for example	熟	例えば
☐ roll down a window	熟	(取っ手を回して) 窓を下ろす
☐ in mid-air	熟	空中で
☐ warn ～ not to V	熟	Vしないよう～に警告する

❻

☐ it is not till ..... that S V	熟	..... して初めてSはVする
☐ realise	動	～を悟る，～がわかる
☐ suddenly	副	突然
☐ it occurs to ～ that S V	熟	SがVするという考えが～の頭に浮かぶ
☐ as	前	～として
☐ worry	動	～を不安にする
☐ neat	形	きちんとしている
☐ in place	熟	整っている
☐ at that moment	熟	その瞬間 [時] に
☐ not ..... quite	熟	あまり ..... ない
☐ come to V	熟	Vするようになる
☐ fit with ～	熟	～に適合する
☐ uncomfortably	副	心地悪く

Lesson
09

LEVEL-6

Lesson 10
問題文

単語数 ▶ 1392 words
制限時間 ▶ 50 分
目標得点 ▶ 35 ／50点

DATE

■次の英文を読み，まず(A)〜(T)の空所に当てはまる最も適切なものを，それぞれの選択肢の中から1つずつ選びなさい。次に，内容に関するあとの設問に答えなさい。

All the social sciences focus on human behavior; they differ from one another not so much in the content of what each field studies, but, rather, in what the social scientists look for when they conduct their studies. (A)(**1** For that purpose **2** Accordingly **3** In short), to make clearer the differences between them, it might be helpful to look at how different social scientists might approach the same topic. We shall use juvenile delinquency, or simply delinquency, as our example.

Historians interested in juvenile delinquency would examine the problem in some particular past setting, such as New York City in the 1920's or Los Angeles in the 1950's. The historian would try to interpret delinquency by stressing the social context of the (B)(**1** people **2** period **3** issue). For example, if delinquent gangs in New York City in the 1920's were the focus, the historian might emphasize the social disruption caused by World War I, the problems of unassimilated, recently arrived ethnic groups, intergenerational conflict, and local political and economic situations, and so on. The historian might also document the number of gangs, as well as their ethnic (C)(**1** makeup **2** cutout **3** breakdown). He or she would then produce a history of juvenile delinquency in New York City in the 1920's.

Economists are less likely to study delinquent gangs or juvenile
delinquency. But if they (D)(**1** do this **2** had done so **3** did), they, of course,
would emphasize the economic aspects of delinquency. They might determine
how stolen goods are allocated within a gang. But they would be more
inclined to focus on delinquency in general, emphasizing the relationships of
gangs to economic factors in the country. Economists might wish to examine
the (E)(**1** problems **2** outcomes **3** effects) of economic conditions, such as
booms and busts, on the formation of gangs or on the incidence or prevalence
of delinquency. They might also wish to determine the cost of juvenile
delinquency to the nation in terms of property stolen and destroyed and wages
paid to police and social workers.

Psychologists also have a high interest in juvenile delinquency. Using
paper-and-pencil tests, they might test the hypothesis that gang leaders, when
compared with their followers, have more outgoing personality traits, or
greater hostility and aggressiveness. Psychologists might also compare the
adolescent males who join gangs and those who do not become gang members
in terms of their personality traits. They might give a series of tests to
determine whether gang members are more insecure, hostile, or aggressive
than non-members.

Sociologists are also interested in most of the aspects emphasized by the
other social scientists. Sociologists, however, ordinarily are not concerned
with a particular gang from some past period, as historians might be, (F)(**1** as
long as **2** although **3** since) they, too, try to identify the relevant social
context. Sociologists also are interested in certain aspects of property, as an
economist might be. But sociologists would be more interested in the gang

Lesson
10

members' attitudes toward property, why delinquents feel it is legitimate to steal and vandalize, and how they (G)(**1** keep in **2** divide up **3** put out) the ₄₅ property they steal.

What sociologists choose to emphasize also separates them from psychologists. Sociologists are inclined to ignore personality, the primary focus of psychologists, and (H)(**1** hardly **2** instead **3** otherwise) to stress the effects of social class on recruitment into delinquency. Sociologists also ₅₀ examine group structure and interaction. For example, both sociologists and psychologists would be interested in the differences between a gang's leaders and followers. To discover these, however, sociologists are not likely to give paper-and-pencil tests. They are more likely to observe face-to-face interaction among gang members. Sociologists would want to see if leaders and followers ₅₅ (I)(**1** uphold **2** outlive **3** oversee) the group's values differently. Also they would want to see who suggests the gang's activities, and who does what when they do their activities—whether the activity is simply some form of recreation or a criminal act. For example, do leaders maintain their leadership by committing more acts of (J)(**1** self-defeating **2** overreacting **3** daring) and ₆₀ bravery than their followers?

Compared with other social scientists, sociologists are more likely to emphasize the routine activities of the police, the courts, and changing norms. The police approach their job with (K)(**1** preconceived **2** half-boiled **3** well-calculated) ideas about who is likely to commit crimes and who is not. Their ₆₅ ideas are based on what they have experienced "on the streets," (L)(**1** rather than **2** more than **3** as well as) on stereotypes nurtured within their occupation. The police typically view some people to be more apt to commit

crimes than males from other areas of the city, males from a higher social
70　class, or females (M)(**1** in general　**2** predominantly　**3** exclusively). How do
the police develop their ideas? How are such stereotypes supported in their
occupational subculture? What effect do they have on the police and on those
whom they encounter?

Prosecutors use much discretion. For the same act they can (N)(**1** level
75　**2** direct　**3** move) a variety of charges. They can charge an individual with
first degree burglary, second degree burglary, breaking and (O)(**1** killing
2 entering　**3** escaping), or merely trespassing. Sociologists want to know
how such decisions are made, as well as their effects on the lives of those
charged with crimes. Sociologists also study what happens when an individual
80　comes (P)(**1** by　**2** over　**3** before) a judge, especially the outcome of the trial
which may differ according to the type of offense, or the sex, age, or race of
the offender. They also focus on the effects of detention and imprisonment, as
well as how people adjust when they are released back into the community.

Lesson
10

Among other things, sociologists are concerned with "norms," the
85　behaviors that people expect of others, which obviously change over time.
What was considered proper behavior a generation ago is certainly not the
same as what is considered proper today. (Q)(**1** Automatically　**2** Inadvertently
3 Consequently), the law changes, and acts considered to be law violations at
one time are not necessarily considered criminal at another time. Similarly,
90　acts not now considered criminal may become law violations at a later date.
For example, at one point in our history, drinking alcohol in public at age
sixteen was within the law in many communities, while today it would be an
act of delinquency. In the same way, a person under sixteen who is on the

streets after 10 p.m. (R)(**1** unaccompanied **2** protected **3** forbidden) by an adult is breaking the law in some communities. But if the law is changed or if the fifteen-year-old has a birthday or moves to a different community, the same act is not a violation of the law.

Perhaps more than any of the other social scientists, the sociologist maintains a crucial interest in the effects of (S)(**1** well-motivated **2** reliable **3** changing) legal definitions in determining what people are arrested for and charged with. In effect, sociologists are interested in what juvenile delinquency is (T)(**1** in detail **2** in the first place **3** in form). They take the definition of delinquency not as obvious but as problematic, something to be studied in the context of lawmaking, lawbreaking, and the workaday world of the judicial system.

By means of this example of juvenile delinquency, it is easy to see that the social sciences greatly overlap one another. Sociology, however, is an overarching social science. Sociologists are, for the most part, interested in the same things that other social scientists are interested in, and that they are, however, not as limited in the scope or focus as are the others. Wherever and whenever people come into one another's presence, there are potential data for the sociologist. The bar, the street and the classroom—even the bedroom—all provide material for sociologists to observe and analyze. What sociologists study can be as socially significant as an urban riot or as common but personally significant as two people greeting with a handshake. In this sense, then, the world belongs to the sociologists.

【出題：慶應義塾大学(総合政策)】

（設問は次のページ）

(1)　Which of the following statements best conveys the meaning of the phrase "the world belongs to the sociologists" as used in the concluding paragraph?

　　1　Sociologists play the most significant role in identifying social realities.

　　2　The world can be structured in any way sociologists like.

　　3　The world is, in a sense, something that sociologists possess.

　　4　Sociologists can study almost every aspect of life in society.

(2)　The topic of juvenile delinquency is used in this article in order to show that (　　).

　　1　social sciences are all equally concerned with the topic

　　2　it is their approaches or their emphases that differentiate the social sciences

　　3　this particular topic should be studied from different angles of different social sciences

　　4　different approaches bring about different interpretations

(3)　According to this article, which of the following statements about economists studying juvenile delinquency is <u>not</u> true?

　　1　The allocation of the stolen property among delinquents would be a concern among economists.

　　2　Economists would be interested in how economic conditions contribute to the spread of delinquency.

　　3　Economists have a professional obligation to assess the cost of delinquency.

　　4　Juvenile delinquency is not among the typical research problems for economists.

(**4**)　When studying juvenile delinquency, psychologists tend to focus on
　　　(　).

　　　1　the personal characteristics of an individual delinquent

　　　2　the relationship between social factors and types of delinquency

　　　3　the patterns of interaction among delinquents or gangs

　　　4　how personality factors are preconditioned by social factors

(**5**)　According to this article, which of the following would not be the
　　　sociologist's professional concern about the issue of delinquency?

　　　1　The social context behind delinquency.

　　　2　The delinquent's feelings about stealing.

　　　3　The process of distributing stolen goods.

　　　4　The personality of the delinquent.

(**6**)　In the 7th paragraph dealing with the police and sociologists, the author
　　　suggests that sociologists are mainly concerned with (　).

Lesson
10

　　　1　showing how biased the police's perceptions are when they view
　　　　people committing crimes

　　　2　demonstrating that the routine activities of the police can go in the
　　　　wrong direction

　　　3　finding out how police define people and how those definitions help to
　　　　determine who the police arrest

　　　4　identifying what the police's stereotypes are in comparison with
　　　　others'

(**7**)　The author's main purpose in the 8th paragraph is to show that (　).

　　　1　it is up to prosecutors to choose what charge is appropriate for a given
　　　　crime

　　　2　sociologists are interested in what occurs following an arrest

　　　3　it is the outcome of the trial that influences the delinquent's later life

　　　4　sociologists should pay more attention to the decision-making process
　　　　in the court

(8) The author of this article cites the case of drinking alcohol in public at age sixteen in the 9th paragraph in order to show that (   ).

  1 sociologists should take a historical perspective into account when studying norms and social problems

  2 a consensus of opinion is difficult to obtain when people judge whether a given act is good or bad

  3 sociologists should be more involved with making a moral judgment about a social issue

  4 social norms do not remain stable throughout the changes of society

(9) In order to investigate the problem of juvenile delinquency, sociologists approach the problem with the assumption that (   ).

  1 juvenile delinquency is a social concept, the definition of which is generally accepted among sociologists

  2 juvenile delinquency is a social concept, the definition of which varies in different contexts

  3 social scientists are in a position to define juvenile delinquency in such a way as to fit their research purposes

  4 the legal definition of juvenile delinquency is always in a state of flux and hence not reliable

(10) Which of the following statements best summarizes the view of sociology as expressed in this article?

  1 Sociology assumes that the pattern of social interaction consists of abstract facts of life.

  2 Sociology can provide an all-inclusive approach that offers a comprehensive view of the world.

  3 Sociology, while interesting, is too vaguely defined to compete with psychology or economics.

  4 Sociology, as a science, should take a top-down approach to studying the daily lives of people because their activities and interactions appear unconnected.

解 答 用 紙			
(A)	(B)	(C)	(D)
(E)	(F)	(G)	(H)
(I)	(J)	(K)	(L)
(M)	(N)	(O)	(P)
(Q)	(R)	(S)	(T)

(1)		(2)	
(3)		(4)	
(5)		(6)	
(7)		(8)	
(9)		(10)	

Lesson 10
解答・解説

(A) **1** その目的のために　　**②** したがって　　**3** 要するに

▶前文の内容「社会科学は各分野が研究する内容よりもむしろ，社会科学者が研究を行う際に何を探究するかという点でお互いに異なる」が，選択肢を含む文の内容「社会科学者たちが同じ話題にどのように取り組むかの違いに目を向けることが有益かもしれない」の理由としてとれる点に注目すれば，因果関係を示す **2** が正解と判断できる。

(B) **1** 人々　　**②** 時期　　**3** 問題

▶前文から，「歴史学者は**問題が起こった当時の歴史的状況に目を向けて**，その問題を検討する」ということがこの段落の趣旨と読み取れる。よって，「歴史学者は，その**時期**の社会背景に重点を置くことによって，非行を解釈しようと試みるだろう」となる **2** が正解と判断できる。

(C) **①** 構成　　**2** 切り抜きしたもの　　**3** 衰弱

▶ A as well as B（B だけでなく A も）の関係から，選択肢部分には「非行集団の**数**」と併記されるものが入る。よって，「歴史学者はまた，非行集団の民族**構成**だけでなく，その数を記録するかもしれない」となる **1** が最も適していると考えられる。

(D) 　主節の動詞 would emphasize から，この文は仮定法過去で書かれていることがわかる。よって，**3** が正解と判断できる。

(E) **1** 問題　　**2** 結果　　**③** 影響

▶選択肢の後の「on the formation of gangs or on the incidence or prevalence of delinquency」に注意が向けられるかどうかがポイント。effect on ～（～への影響）という結び付きから，**3** が正解と判断できる。

(F) **1** S が V する限り　　**②** S は V するけれども　　**3** S は V するので

▶選択肢の前では「**社会学者は普通，歴史学者のように過去のある時期の特定の非行集団には関心を持たない**」のように，社会学者と歴史学者の異なる点が述べられているが，選択肢の後では「彼ら［社会学者］も歴史学者と同様に関連のある社会的背景を確認しようとはする」と，同じ点が述べられている。よって，逆接・譲歩の **2** が正解と判断できる。

(G)　**1**　取っておく　　**②**　分け合う　　**3**　外に出す
　　▶「そして彼ら［非行者たち］は盗んだ資産をどのように（　G　）のかに，より大きな関心を持つだろう」が文意。選択肢を含む文の前半に「社会学者は，**資産に対する非行集団の構成員たちの態度**に，より大きな関心を持つ」とあるので，構成員同士の関わり合いがある **2** が正解と判断できる。

(H)　**1**　ほとんど .... ない　　**②**　その代わりに　　**3**　別のやり方で
　　▶選択肢の前の and が並列しているものは「to ignore ～ and（　H　）to stress ～」である。その関係から文意を考えれば，「社会学者は，心理学者の第 1 の着眼点である個人的性格を**無視して**，**その代わりに**社会的階級が新たな非行の増加に与える影響を**強調する傾向がある**」となる **2** が正解と判断できる。

(I)　**①**　支持する　　**2**　より長生きする　　**3**　監督する
　　▶文脈から「社会学者は，リーダーと子分との間で集団の価値観を異なる形で（**支持する**）かどうかを知りたがるだろう」となる **1** が正解と判断できる。

(J)　**1**　自滅的な　　**2**　過剰反応　　**③**　大胆さ・勇気
　　▶選択肢直後の and bravery から，bravery（勇敢さ，勇気）と似たような意味の語句が入るとわかる。よって，**3** が正解と判断できる。

(K)　**①**　前から持っていた　　**2**　半熟の　　**3**　よく計算された
　　▶選択肢に続く**第 7 段落**第 3 文「彼ら［警察］の考えは，職業の中で培われてきた**固定観念**に加えて，自分が『現場で』経験してきたことに基づいている」とのつながりを考えれば，**1** が適切と判断できる。また，**第 7 段落**第 6 文の such stereotypes（そうした固定観念）という表現から，この段落は「警察の**固定観念**」を例として扱った段落だと判断できる。

(L)　**1**　（A rather than B で）B よりもむしろ A
　　2　～以上
　　③　（A as well as B で）B だけでなく A も
　　▶「自分が『現場で』経験してきたこと」，「職業の中で培われてきた固定観念」は，両方とも警察の考えに基づいているものである。よって，追加の意味を持つ **3** が正解と判断できる。

(M) **①** （名詞の後で）一般の　　**2**　　大部分は　　　　　**3**　　もっぱら
▶選択肢の前の「警察は一般的には，ある一部の人々に対して，犯罪を犯す可能性が高い，という見方をしている」ということから，その比較の対象としてある種の**男性**を挙げた後に加えて挙げていると読み取れるので，「**女性一般**」となる **1** が適切だと判断できる。また，**2**，**3** は副詞なので名詞を修飾しない。

(N) **①** 向ける　　　　　　**2**　　向ける　　　　　　**3**　　動かす
▶選択肢直後の目的語 charge（告訴，告発）から，「同じ行為に対して，彼ら〔検察官〕は様々な訴追を行うことができる」という文意になることがわかる。**単語との結びつき**〔コロケーション〕から，level charge（告発する）となるので，**1** が正解。

(O) **1**　殺人　　　　　　**②**　　侵入　　　　　　　**3**　　逃亡
▶ first degree burglary, second degree burglary, breaking and （　O　）, or merely trespassing（第 1 級侵入窃盗罪や第 2 級侵入窃盗罪，（　O　），あるいは単なる不法侵入罪）と，不法侵入において，**罪が重い順番に並べられている**ので，breaking and entering（家宅侵入罪）となる **2** が適切と判断できる。

(P) 「社会学者はまた，ある個人が裁判官の（　P　）来たとき何が起こるのか，特に犯罪の種類，あるいは犯罪者の性別，年齢，人種に応じて異なることもある裁判の結果を研究する」という文脈から，come before 〜（〜の前に出る）となる **3** が正解と判断できる。**1** come by 〜（〜を得る），**2** come over 〜（〔強い感情が〕〜を襲う）は，意味的につながらない。

(Q) **1**　自動的に　　　　**2**　　うっかり　　　　**③**　　その結果
▶選択肢を含む文「（　Q　），法律が変わり，かつては法律違反だと考えられていた行為が，別の時点では必ずしも犯罪とは考えられなくなる」は，前文「1 世代前に適切な行動だと考えられていたものは，今日適切だと考えられている行動と同じではないということは確かである」の結果として起こる変化と考えられる。よって，因果関係を示す **3** が正解と判断できる。

(R) **①** つき添われない　　**2**　　保護された　　　　**3**　　禁止された
▶「成人によって（　R　）午後 10 時以降に路上にいる 16 歳未満の者は，法律違反になる地域もある」が文意。**違法となる**ことを考えれば，**1** が適切と判断できる。

(S)　**1**　とても意欲のある　　**2**　信頼できる　　**③**　変化する

▶「社会学者が重大な関心を持ち続けるのは，人々が何のために逮捕され，何の罪で訴追されるのかを決定する際の（　S　）法的定義がもたらす影響だろう」が文意。第9段落の「違法かどうかは時代と共に変化する」という内容を受けていることから，**3**が適切と判断できる。

(T)　**1**　詳細に　　**②**　そもそも　　**3**　調子が良い

▶「実際には社会学者は，青少年非行とは（　T　）何かという点に関心を持つ」が文意。文脈から**2**が適切と判断できる。ここでは，in the first place（そもそも）の意味であり，in the second place などの表現が続いていないことから，列挙で用いる「まず第1に」ではないことに気がつくかどうかが鍵となる。

（1）　最終段落で用いられている「世界は社会学者のものなのだ」という表現の意味を最もよく伝えるのは次のどれか？

1　社会学者は，社会の現実を確認するのに最も重要な役割を果たす。

2　世界は社会学者の好む，いかような構造にもなりうる。

3　世界は，ある意味，社会学者が所有しているものである。

④　社会学者は，社会生活のほぼすべての側面を研究することができる。

▶これは，第11段落の内容を一言で表現したものである。第11段落第2文に「社会学は全体を包括する社会科学である」とあり，それに続けて具体例を挙げている。そこから判断すれば，**4**が正解となる。

（2）　青少年非行という話題は，（　　　　）ということを示すために，この論文で用いられている。

1　社会科学はすべて，その話題に等しく関心を持っている

②　社会科学を区別するのは，それらの研究方法と強調点である

3　この特定の話題は，様々な社会科学の様々な角度から研究されるべきだ

4　様々な研究方法が，様々な解釈をもたらす

▶第1段落第2文に「それらの違いをより明確にするためには，様々な社会科学者たちが同じ話題にどのように取り組むかの違いに目を向けることが有益」とあり，続く最終文で「青少年非行」を例として取りあげるとあるので，**2**が正解と判断できる。

（**3**） この論文によれば，青少年非行を研究する経済学者について，正しくないものは次のどれか？

1 非行少年間での盗品の分配は，経済学者間での関心事となるであろう。

2 経済学者は非行の蔓延に経済状況がどのように寄与するのかに関心があるだろう。

③ 経済学者は非行の費用を算定する専門的義務がある。

4 青少年非行は経済学者の典型的な研究課題ではない。

▶**第3段落**最終文に「青少年非行が国家にもたらす経費負担を算定したいと考えるかもしれない」とあるが，専門的義務の有無については書かれていない。よって，**3**が正解。他の選択肢は，それぞれ**第3段落**第3文（**1**），第5文（**2**），第1文（**4**）に書かれている。

（**4**） 青少年非行を研究するとき，心理学者は（　　　　）に焦点をあてる傾向にある。

① 非行少年の個々の性格

2 社会的要因と非行の種類の関係

3 非行少年もしくは非行集団の相互作用のパターン

4 個性の要因が社会的要因によってどのように前もって取り決められるのか

▶心理学者に関する記述は**第4段落**にある。**第4段落**では personality trait（人格的特徴）に焦点があてられているので，**1**が正解と判断できる。

（**5**） この論文によれば，非行の問題について社会学者の専門的な関心事ではないものは次のどれか？

1 非行の背後にある社会状況。

2 窃盗に関する非行少年の気持ち。

3 盗品を分配する過程。

④ 非行少年の性格。

▶**第6段落**第2文に「社会学者は，心理学者の第1の着眼点である個人的性格を無視して」とあるので，**4**が正解と判断できる。他の選択肢は，それぞれ**第5段落**第2文（**1**），最終文（**2**，**3**）に関心事として書かれている。

（**6**） 警察と社会学者を扱っている第7段落で，著者は，社会学者は主に（　　　）に関心があるということを示唆している。

1 警察が犯罪を犯している人々を見るとき，警察の認識がいかに偏見を持っているかを示すこと

2 警察の日常的な活動が間違った方向に行くことがありうるということを示すこと

③ 警察が人々をどのように定義し，それらの定義は警察が誰を逮捕するのか
を決定するのにいかに役立つのかを見いだすこと

4 警察の固定観念が他の固定観念と比べてどのようなものなのかを確認する
こと

▶**第7段落**第6～最終文の「そうした固定観念は，彼らの職業文化の中でどの
ように支持されているのか。それらの観念は警察及び警察が出会う人々に対し
てどんな影響を持つのか」と投げかけている疑問の内容から，**3** が正解と判断
できる。

（7）　第8段落における著者の主な目的は，（　　　）ということを示すことだ。

1 特定の犯罪に対して，どのような訴追が適切かを選択するのは検察官の責
務である

② 社会学者は逮捕後に起こる出来事に関心がある

3 非行少年の後の人生に影響するのは裁判の結果である

4 社会学者は裁判所での意思決定過程により注意を払うべきだ

▶**第8段落**では，警察の手を放れた後，裁判から社会復帰後に至るまで，非
行少年に関する様々なことに社会学者は関心があると述べていることから，**2**
が正解と判断できる。

（8）　この論文の著者が，第9段落において，16歳の者が公然と酒を飲むという事
例を引用しているのは，（　　　）ということを示すためである。

1 社会学者が規範と社会問題を研究する際，歴史的観点を考慮すべきだ

2 特定の行為が善か悪かを人々が判断する際，意見の一致を得るのは難しい

3 社会学者は社会問題に関して道徳的判断を下すことに，より関わりを持
つべきだ

④ 社会的な規範は社会の変化を通しても変わらないままではない

▶かつては合法だった「16歳での飲酒」が，今は違法になっている例を通し，
「社会による規範の変化」について述べている。よって，**4** が正解と判断でき
る。

（9）　青少年非行の問題を調査するために，社会学者は（　　　）という想定のもと
に，その問題に取り組む。

1 青少年非行は社会的な概念であり，その定義は社会学者間で一般に受け
入れられている

② 青少年非行は社会的な概念であり，その定義は様々な状況によって変化
する

3 社会科学者は青少年非行を自分たちの研究目的に合うように定義する立場にある

4 青少年非行の法律的定義は常に変化しており，それゆえに信頼できない

▶**第10段落**最終文「彼ら［社会学者］は非行の定義を，**明白なものとしてではなく問題のあるもの**，つまり立法，違法，そして司法体系を持った日常社会との関係の中で研究すべきもの」から，**2**が正解と判断できる。**4**は後半の「それゆえに信頼できない」が本文からは読み取れないので不適切。

（**10**） この論文に表されている社会学の考え方を最も適切に要約しているものは以下のどれか？

1 社会学は社会的相互作用のパターンは生活の抽象的事実からなると想定している。

② 社会学は包括的な世界の見方を与える，すべてを含めた取り組み方を提供する可能性がある。

3 社会学は興味深いが，定義が曖昧すぎて心理学や経済学と競うことはできない。

4 社会学は1つの科学として，人々の日常生活の研究に対して包括的な取り組み方をすべきだ。なぜなら，彼らの活動や相互作用は無関係に思われるからだ。

▶**第11段落**第2～3文「しかし，社会学は全体を包括する社会科学である。社会学者はたいてい，他の分野の社会科学者が持つのと同じ事柄に関心を持ち，しかもその範囲と焦点は他の社会科学者ほど限定されたものではない」から，**2**が正解と判断できる。

(A)〜(T)は各 1 点

正　解							
(A)	2	(B)	2	(C)	1	(D)	3
(E)	3	(F)	2	(G)	2	(H)	2
(I)	1	(J)	3	(K)	1	(L)	3
(M)	1	(N)	1	(O)	2	(P)	3
(Q)	3	(R)	1	(S)	3	(T)	2

(1) (3点)	4	(2) (3点)	2
(3) (3点)	3	(4) (3点)	1
(5) (3点)	4	(6) (3点)	3
(7) (3点)	2	(8) (3点)	4
(9) (3点)	2	(10) (3点)	2

得点	（1回目） ／50点	（2回目）	（3回目）	CHECK YOUR LEVEL	0〜30点 ➡ *Work harder!* 31〜40点 ➡ *OK!* 41〜50点 ➡ *Way to go!*

構造確認

[　]=名詞　▢=修飾される名詞　＜　＞=形容詞・同格　（　）=副詞
S=主語　V=動詞　O=目的語　C=補語　'=従節

❶ All the social sciences focus on human behavior; they differ from one
 S   V   O   S V   O
another not so much (in the content of [what each field studies]), but, (rather),
               O' S'   V'
(in [what the social scientists look for (when they conduct their studies)]).
   O' S'   V'   S' V' O'
(Accordingly), (to make clearer ▢the differences▢ <between them>), it might be
                       S V
helpful [to look at [how different social scientists might approach the same
 C   S'   V'   O'
topic]]. We shall use juvenile delinquency, or (simply) delinquency, (as our
   S V O①   O②
example).

❷ ▢Historians▢ <interested (in juvenile delinquency)> would examine the
 S   V   O
problem (in ▢some particular past setting▢, <such as ▢New York City▢ <in the
1920's> or ▢Los Angeles▢ <in the 1950's>>). The historian would try [to
                 S   V   O
interpret delinquency (by [stressing ▢the social context▢ <of the period>])].
(For example), (if ▢delinquent gangs▢ <in ▢New York City▢ <in the 1920's>>
         S'
were the focus), the historian might emphasize ▢the social disruption▢ <caused
V' C'   S   V   O①
(by World War I)>, ▢the problems▢ <of unassimilated, (recently) arrived ethnic
         O②
groups, intergenerational conflict, and local political and economic situations,
and so on>. The historian might (also) document ▢the number▢ <of gangs>,
     S   V   O①
(as well as their ethnic makeup). He or she would (then) produce ▢a history▢
            S   V   O
<of ▢juvenile delinquency▢ <in ▢New York City▢ <in the 1920's>>>.

【和訳】

❶ すべての社会科学は人間の行動に焦点をあてるが，各分野が研究する内容よりもむしろ，社会科学者が研究を行う際に何を探究するかという点でお互いに異なる。したがって，それらの違いをより明確にするためには，様々な社会科学者たちが同じ話題にどのように取り組むかの違いに目を向けることが有益かもしれない。例として，青少年非行，あるいは単に非行を使って考えてみよう。

❷ 青少年非行に関心を持つ歴史学者なら，例えば1920年代のニューヨークや1950年代のロサンゼルスなど，過去の特定の状況を設定して問題を検討するだろう。歴史学者は，その時期の社会背景に重点を置くことによって，非行を解釈しようと試みるだろう。例えば，1920年代のニューヨーク市の非行集団が焦点だとしたら，歴史学者は第1次世界大戦によって引き起こされた社会の崩壊，入ってきたばかりで社会に同化していない民族，世代間の対立，地元の政治や経済の状況などの問題を重要視するかもしれない。歴史学者はまた，非行集団の民族構成だけでなく，その数を記録するかもしれない。そのうえで，1920年代のニューヨーク市における青少年非行の歴史を生み出すだろう。

重要語句リスト

❶
social science	图 社会科学
focus on ～	熟 ～に焦点をあてる
human	形 人間の
behavior	图 行動
differ from ～	熟 ～とは異なる
one another	代 お互い
not so much A but B	熟 AというよりむしろB
content	图 内容，中身
field	图 分野
rather	副 むしろ
look for ～	熟 ～を探す
conduct	動 ～を行う
accordingly	副 したがって
make clear ～	熟 ～を明らかにする
difference between ～	熟 ～の間の違い
helpful	形 役に立つ
approach	動 ～に取り組む
topic	图 話題，テーマ
use A as B	熟 AをBとして使う
juvenile	形 青少年の
delinquency	图 非行
simply	副 単に，全く

❷
historian	图 歴史家
examine	動 ～を調べる
particular	形 特定の，特殊な
past	形 過去の
setting	图 状況，設定
such as ～	熟 例えば～のような
interpret	動 ～を解釈する
by Ving	熟 Vすることによって
stress	動 ～に重点を置く，～を強調する
period	图 期間
delinquent	形 非行［罪］を犯した
gang	图 非行集団，ギャング
focus	图 焦点
emphasize	動 ～を重要視する，～を強調する
disruption	图 崩壊，分裂
cause	動 ～を引き起こす
World War I	图 第1次世界大戦
unassimilated	形 同化していない
recently	副 最近
arrive	動 到着する
ethnic group	图 民族（集団）
intergenerational	形 世代間の
conflict	图 葛藤，争い
local	形 地元の
political	形 政治的な
economic	形 経済的な
situation	图 状況
～ and so on	熟 ～など
document	動 ～を記録する
the number of ～	熟 ～の数
A as well as B	熟 BだけでなくAも
makeup	图 構成，組織
produce	動 ～を生み出す，～を作り出す

Lesson
10

❸ <u>Economists</u> <u>are</u> (less) likely to <u>study</u> <u>delinquent gangs or juvenile</u>
  S   V   O

<u>delinquency</u>. But (if <u>they</u> <u>did</u>), <u>they</u>, (of course), <u>would emphasize</u> [the 20
                   S′ V′   S   V   O

<u>economic aspects</u> <of delinquency>. <u>They</u> <u>might determine</u> [how stolen goods
                                    S   V   O   S′

<u>are allocated</u> (within a gang)]. But <u>they</u> <u>would be more inclined</u> (to focus on
 V′   S   V

[delinquency] <in general>, (emphasizing [the relationships] <of gangs> <to

[economic factors] <in the country>>)). **🔢** <u>Economists</u> <u>might wish</u> [to examine
                                               S   V   O

[the effects] <of [economic conditions], <such as booms and busts>>, <on [the 25

formation] <of gangs>> or <on [the incidence or prevalence] <of delinquency>>].

<u>They</u> <u>might (also) wish</u> [to determine [the cost] <of juvenile delinquency> <to
 S   V   O

the nation> (in terms of [property] <stolen and destroyed> and [wages] <paid

to police and social workers>)].

❹ <u>Psychologists</u> (also) <u>have</u> <u>a high interest</u> (in juvenile delinquency). (Using 30
  S   V   O

paper-and-pencil tests), <u>they</u> <u>might test</u> [the hypothesis] <that gang leaders,
                        S   V   O   S′

(when compared with their followers), <u>have</u> <u>more outgoing personality traits,</u>
                                         V′   O′

<u>or greater hostility and aggressiveness</u>>. <u>Psychologists</u> <u>might (also) compare</u>
                                        S   V

[the adolescent males] <who <u>join</u> <u>gangs</u>> and [those] <who <u>do not become</u> gang
 O①   V′ O′   O②   V′   C′

members> (in terms of their personality traits). <u>They</u> <u>might give</u> <u>a series of</u> 35
                                                 S   V   O

<u>tests</u> (to determine [whether gang members <u>are</u> <u>more insecure, hostile, or</u>
                                      S′   V′   C′

<u>aggressive</u> (than non-members)]).

-- 構文解説 --

🔢 文全体は, Economists might wish to examine the effects of A on B or on C.「経済学
者はAのBやCに対する影響を調査したいと思うかもしれない」の構造。A は economic
～ busts, B は the formation of gangs, C は the incidence ～ delinquency。

172

❸ 経済学者が非行集団や青少年非行を研究する
ことは、あまりなさそうである。しかし、もし研
究するならば、彼らは言うまでもなく非行の経済
的な側面を重要視するだろう。盗まれた品が非行
集団の内部でどのように分配されるかを突き止め
るかもしれない。しかし経済学者は、非行一般に
焦点をあて、非行集団とその国の経済的要因との
関連を強調する傾向がより強いだろう。経済学者
は、好況や不況などの経済的条件が非行集団の形
成や非行の発生や流行に与える影響を調査したい
と思うかもしれない。また、盗まれたり壊された
りした資財や、警察とソーシャルワーカーに支払
われる賃金という観点から、青少年非行が国家に
もたらす経費負担を算定したいと考えるかもしれ
ない。

❹ 心理学者もまた、青少年非行には強い関心を
持つ。彼らは紙と鉛筆によるテストを使って、非
行集団のリーダーは子分と比較してより外向的な
人格的特徴やより強い敵意と攻撃性を持つという
仮説を検証するかもしれない。心理学者はまた、
非行集団に加わる青年とその一員にならない青年
とを、人格的特徴という点から比較するかもしれ
ない。非行集団の構成員はそうでない者よりも不
安定であるか、敵意を持っているか、あるいは攻
撃的であるかを決定するために一連のテストを行
うかもしれない。

❸

economist	名	経済学者
be likely to V	熟	Vしそうである
aspect	名	側面、様相
determine	動	～を見つける、～を決定する
stolen goods	名	盗品
allocate	動	～を分配する
within	前	～の内部で［に］
be inclined to V	熟	Vする傾向がある
in general	熟	一般に［の］
relationship	名	関連、関係
factor	名	要因
effect of A on B	熟	AのBへの影響
condition	名	条件
boom	名	好況、好景気
bust	名	不況、不景気
formation	名	形成
incidence	名	発生（率）
prevalence	名	流行
cost	名	費用
nation	名	国家
in terms of ～	熟	～の点から［で］
property	名	資産、財
destroy	動	～を破壊する
wage	名	賃金
paid	動	支払う
		pay-paid-paid
police	名	警察
social worker	名	ソーシャルワーカー

❹

psychologist	名	心理学者
have an interest in ～	熟	～に関心を持つ
paper-and-pencil test	名	紙と鉛筆を使ったテスト
test	動	～を検証［検査］する
hypothesis	名	仮説
leader	名	リーダー、指導者
compare A with B	熟	AをBと比較する
follower	名	子分、従う者
outgoing	形	外交的な
personality	名	人格
trait	名	特徴、特性
hostility	名	敵意
aggressiveness	名	攻撃性
adolescent	形	青年の、若い
male	名	男性
those who V	熟	Vする人々
a series of ～	熟	一連の～
whether ～ is [are] A or B	熟	～がAであるか Bであるか
insecure	形	不安定な
hostile	形	敵意を持つ
aggressive	形	攻撃的な
non-member	名	メンバーでない者

Lesson
10

❺ Sociologists are (also) interested (in most of the aspects <emphasized (by the other social scientists)>). **2** Sociologists, (however), (ordinarily) are not concerned (with a particular gang <from some past period>), (as historians might be), (although they, (too), try [to identify the relevant social context]). Sociologists (also) are interested (in certain aspects <of property>), (as an economist might be). But sociologists would be more interested (in the gang members' attitudes <toward property>, <[why delinquents feel [it is legitimate [to steal and vandalize]]], and [how they divide up the property <they steal>]>).

❻ [What sociologists choose to emphasize] (also) separates them (from psychologists). Sociologists are inclined (to ignore personality, <the primary focus <of psychologists>>, and (instead) to stress the effects <of social class> <on recruitment (into delinquency)>). Sociologists (also) examine group structure and interaction. (For example), both sociologists and psychologists would be interested (in the differences <between a gang's leaders and followers>). (To discover these), (however), sociologists are not likely to give paper-and-pencil tests. They are more likely to observe face-to-face interaction <among gang members>. Sociologists would want [to see [if leaders and followers uphold the group's values (differently)]].

40

45

50

55

---

2 文全体は，Sociologists are not concerned with 〜 .「社会学者は〜に関心を持たない」に修飾語を加えた形。as historians might be は「歴史学者なら関心を持つかもしれないが，それと同様には（関心を持たない）」ということ。although 以下は「もっとも〜ではあるが」というただし書きを加えている。

❺ 社会学者もまた，他の分野の社会科学者たちによって強調される側面の大部分に関心を持つ。しかし社会学者は普通，歴史学者のように過去のある時期の特定の非行集団には関心を持たない。もっとも，彼らも歴史学者と同様に関連のある社会的背景を確認しようとはするけれど。社会学者はまた，経済学者のように資産のある一定の側面に関心を持つ。しかし社会学者は，資産に対する非行集団の構成員たちの態度，非行者たちはなぜものを盗んだり破壊したりすることを正しいと感じるのか，そして彼らは盗んだ資産をどのように分配するのかに，より大きな関心を持つだろう。

❻ 社会学者が何を重要視するかによっても，彼らは心理学者と区別される。社会学者は，心理学者の第Ⅰの着眼点である個人的性格を無視して，その代わりに社会的階級が新たな非行の増加に与える影響を強調する傾向がある。社会学者はまた，集団の構成と相互作用を調査する。例えば，社会学者も心理学者も，非行集団のリーダーと子分との違いに関心を持つだろう。しかし，それを見極めるために，社会学者は紙と鉛筆によるテストを使いそうにはない。社会学者は，非行集団の構成員同士が面と向かって行うやりとりを観察する可能性の方が高い。社会学者は，リーダーと子分との間で集団の価値観を異なる形で支持するかどうかを知りたがるだろう。

❺

☐ sociologist	名	社会学者
☐ most of the ～	熟	～の大部分
☐ other	形	他の
☐ however	副	しかし
☐ ordinarily	副	普通は
☐ be concerned with ～		～に関心を持つ
☐ as S V	接	S が V するように
☐ although S V	接	もっとも S は V するのだが
☐ identify	動	（正体を）確認する
☐ relevant	形	関連のある
☐ certain	形	ある一定の
☐ attitude toward ～	熟	～に対する態度
☐ delinquent	名	非行を行う者
☐ legitimate	形	正当な
☐ vandalize	動	～を破壊する
☐ divide up ～	熟	～を分け合う

❻

☐ choose to V	熟	V することに決める
☐ separate A from B	熟	A と B を分ける
☐ ignore	動	～を無視する
☐ primary	形	第Ⅰの
☐ instead	副	その代わりに
☐ class	名	階級
☐ recruitment	名	補強
☐ structure	名	構造
☐ interaction	名	相互作用，交流
☐ both A and B	熟	A も B も両方
☐ discover	動	～を発見する
☐ observe	動	～を観察する
☐ face-to-face	形	面と向かって（の）
☐ uphold	動	～を支持する，～を支える
☐ value	名	価値
☐ differently	副	別の仕方で

Lesson
10

175

(Also) they would want [to see [who suggests the gang's activities], and [who does what (when they do their activities)] — [whether the activity is (simply) some form <of recreation> or a criminal act]]. (For example), do leaders maintain their leadership (by [committing more acts <of daring and bravery> (than their followers)])?

❼ (Compared with other social scientists), sociologists are more likely to emphasize the routine activities <of the police, the courts>, and changing norms. The police approach their job (with preconceived ideas <about [who is likely to commit crimes] and [who is not]>). Their ideas are based (on [what they have experienced ("on the streets,")] (as well as on stereotypes <nurtured (within their occupation)>)). The police (typically) view some people to be more apt to commit crimes (than males <from other areas <of the city>>, males <from a higher social class>, or females <in general>). How do the police develop their ideas? How are such stereotypes supported (in their occupational subculture)? What effect do they have ((on the police) and (on those <whom they encounter>))?

60

65

70

────────────────────────────

3 文全体は, they would want to see A and B「彼らはAとBを確かめたいと思うだろう」の構造。AとBはwho (誰が〜するか) で始まる名詞節。whether the activity is A or B は「その活動がAなのかBなのか」の意味の名詞節。

4 文全体は, Their ideas are based on A, as well as on B.「彼ら [警察] の考えはBだけでなくAにも基づいている」の構造。前後の文脈から考えて, この文ではAの方に意味の重点がある。

176

また，誰が非行集団の活動を提案し，活動を行う
ときに誰が何をするのか——その活動が単なる一
種の娯楽なのか，あるいは犯罪行為なのかを確か
めたいと思うだろう。例えば，リーダーは子分よ
りも大胆で勇敢な行為をより多く行うことによっ
て指導力を維持するのか，といったことである。

❼ 他の社会科学者に比べて，社会学者は警察，
裁判所の日常活動，変化する規範をより重要視し
そうである。警察は，犯罪を犯しそうなのは誰
か，またそうでないのは誰かということについて
の先入観を持って仕事に取り組む。彼らの考え
は，職業の中で培われてきた固定観念に加えて，
自分が「現場で」経験してきたことに基づいてい
る。警察は一般的には，ある一部の人々に対し
て，都市の他の地区の男性や，より高い社会階級
の男性や，女性一般よりも犯罪を犯す可能性が高
い，という見方をしている。警察はどのようにし
てこうした考えを持つようになるのか。そうした
固定観念は，彼らの職業文化の中でどのように支
持されているのか。それらの観念は警察及び警察
が出会う人々に対してどんな影響を持つのか。

☐ suggest	動	～を提案する
☐ activity	名	活動
☐ form	名	形
☐ recreation	名	娯楽
☐ criminal act	名	犯罪行為
☐ maintain	動	～を維持する
☐ leadership	名	指導力，リーダーシップ
☐ commit	動	（犯罪などを）犯す
☐ daring	名	大胆さ，勇気
☐ bravery	名	勇敢さ，勇気

❼

☐ compared with ～	熟	～と比較して
☐ routine	形	日課の
☐ court	名	裁判所
☐ norm	名	規範
☐ preconceived idea		
	名	先入観
☐ crime	名	犯罪
☐ be based on ～	熟	～に基づく
☐ experience	動	～を経験する
☐ stereotype	名	固定観念
☐ nurture	動	～を育てる
☐ occupation	名	職業
☐ typically	副	一般的に，概して
☐ view ～ to be C	熟	～がCだと考える
☐ be apt to V	熟	Vしがちである
☐ area	名	地域
☐ female	名	女性
☐ develop	動	～を発達させる
☐ support	動	～を支える
☐ occupational	形	職業の
☐ subculture	名	下位文化
☐ encounter	動	出くわす

Lesson
10

❽ Prosecutors use much discretion. (For the same act) they can level a variety of charges. They can charge an individual (with first degree burglary, second degree burglary, breaking and entering, or (merely) trespassing). Sociologists want [to know [how such decisions are made], (as well as their effects <on [the lives] <of [those] <charged (with crimes)>>>)]. **❺** Sociologists (also) study [what happens (when an individual comes (before a judge))], (especially) the outcome <of the trial> <which may differ (according to the type <of offense>, or the sex, age, or race <of the offender>)>. They (also) focus on the effects <of detention and imprisonment>, (as well as [how people adjust (when they are released (back) (into the community))])].

❾ (Among other things), sociologists are concerned with "norms," <the behaviors <that people expect (of others)>>, <which (obviously) change (over time)>. **❻** [What was considered proper behavior (a generation ago)] is (certainly) not the same (as [what is considered proper (today)]). (Consequently), the law changes, and acts <considered to be law violations (at one time)> are not (necessarily) considered criminal (at another time). (Similarly), acts <not (now) considered criminal> may become law violations (at a later date).

---

❺ 文全体は，Sociologists study A, especially B. 「社会学者は A，特に B を研究する」の構造。A (what happens when ～) は「～ときに起こること」。B (the outcome ～) は「裁判の結果」の後ろに（the trial を先行詞とする）which 以下の関係詞節が続いている。differ according to A or B は「A や B に応じて異なる」。

❻ 文全体は，A is not the same as B. 「A は B と同じではない」の構造。2 つの what は関係代名詞で，A は「1 世代前に適切な行動と考えられていたもの」，B は「今日適切と考えられているもの［行動］」の意味。

❽ 検察官は，強い裁量権を行使する。同じ行為に対して，彼らは様々な訴追を行うことができる。ある個人を，第１級侵入窃盗罪や第２級侵入窃盗罪，家宅侵入罪，あるいは単なる不法侵入罪でも訴追することができる。社会学者は，どのようにしてその種の決定が行われるのかを，その決定が犯罪で訴追された人々の人生にどんな影響を与えるのかと共に知りたいと思う。社会学者はまた，ある個人が裁判官の前に来たとき何が起こるのか，特に犯罪の種類，あるいは犯罪者の性別，年齢，人種に応じて異なることもある裁判の結果を研究する。彼らはまた，拘留や収監が人々に与える影響，さらには出所して社会に復帰した際，人々が（社会に）どのように適応するかということにも焦点をあてる。

❾ 社会学者はとりわけ，「規範」つまり人々が他の人々に期待する行動に関心を持つが，その規範は明らかに時代と共に変化する。１世代前に適切な行動だと考えられていたものは，今日適切だと考えられている行動と同じではないということは確かである。その結果，法律が変わり，かつては法律違反だと考えられていた行為が，別の時点では必ずしも犯罪とは考えられなくなる。同様に，現在では犯罪とみなされていない行為が，後に法律違反となるかもしれない。

❽

☐ prosecutor	名	検察官，検事
☐ discretion	名	裁量，決定権
☐ a variety of ～	熟	様々な～
☐ charge	名	告訴，告発
	動	～を告発する，～を告訴する
☐ individual	名	個人
☐ degree	名	等級，程度
☐ burglary	名	住居侵入窃盗
☐ breaking and entering		
	熟	家宅侵入（罪）
☐ merely	副	単に
☐ trespass	動	不法侵入する
☐ make a decision	熟	決定を下す
☐ lives	名	人生，生活
		→ life の複数形
☐ those Vpp	熟	V された人々
☐ charge A with B	熟	A を B で告訴［告発］する
☐ judge	名	裁判官，判事
☐ especially	副	特に
☐ outcome	名	結果
☐ trial	名	裁判
☐ differ	動	異なる
☐ according to ～	熟	～に応じて
☐ offense	名	犯罪，罪
☐ sex	名	性別
☐ age	名	年齢
☐ race	名	人種
☐ offender	名	犯罪者
☐ detention	名	拘留
☐ imprisonment	名	収監，投獄
☐ adjust	動	適応する
☐ release	動	～を釈放する
☐ community	名	地域社会

❾

☐ among other things		
	熟	とりわけ
☐ expect A of B	熟	A を B に期待する
☐ others	代	他人
☐ obviously	副	明らかに
☐ consider O C	熟	O が C だと考える
☐ proper	形	適切な
☐ generation	名	世代
☐ certainly	副	確かに
☐ the same as ～	熟	～と同じ
☐ consequently	副	その結果
☐ law	名	法律
☐ violation	名	違反
☐ at one time	熟	かつては，昔は
☐ not necessarily	熟	必ずしも ..... というわけではない
☐ criminal	形	犯罪の
☐ at another time	熟	別の時点では
☐ similarly	副	同様に
☐ at a later date	熟	後日，いつかそのうちに

Lesson
10

(For example), (at one point <in our history>), [drinking alcohol (in public)
　　　　　　　　　　　　　　　　　　　　　　　　　S
(at age sixteen)] was (within the law (in many communities)), (while (today)
　　　　　　　　 V
it would be an act <of delinquency>). (In the same way), a person <under
S' V'　　 C'　　　　　　　　　　　　　　　　　　　　　　　 S
sixteen> <who is (on the streets) (after 10 p.m.) unaccompanied (by an adult)>
　　　　　　 V'　　　　　　　　　　　　　　　　　　　 C'
is breaking the law (in some communities). But (if the law is changed) or (if
V　　　　　 O　　　　　　　　　　　　　　　　　　 S'　　　 V'
the fifteen-year-old has a birthday or moves (to a different community)), the
S'　　　　　　　 V'① O'①　　　 V'②　　　　　　　　　　　　　　　　 S
same act is not a violation <of the law>.
　　　　 V　　　 C
❿ (Perhaps) (more than any <of the other social scientists>), the sociologist
　　　　　　　　　　　　　　　　　　　　　　　　　　　　　　 S
maintains a crucial interest (in the effects <of [changing legal definitions]>
V　　　　 O
<in [determining [what people are arrested for and charged with]]>). (In
　　　　　　　　　　 S'　 V'①　　　　　　　　 V'②
effect), sociologists are interested (in [what juvenile delinquency is (in the first
　　　　　　 S　　 V　 C　　　　 S'　　　　　　　　 V'
place)]). They take the definition <of delinquency> not as obvious but as
　　　　　　 S　 V　　　 O
problematic, <something <to be studied (in the context of lawmaking,
lawbreaking, and the workaday world <of the judicial system>)>>.

例えば，歴史上のある時点において，16歳の者
が公然と酒を飲むことは多くの社会で合法だった
が，現代ならそれは非行行為となるだろう。同様
に，16歳未満の者が成人のつき添いなしに午後
10時以降に路上にいると，法律違反になる地域
もある。しかし，もし法律が変わったり，15歳
の者が誕生日を迎えたり，他の地域社会に引っ越
したりすれば，同じ行為が法律違反ではなくな
る。

❿ おそらく他のどの社会科学者よりも社会学者
が重大な関心を持ち続けるのは，人々が何のため
に逮捕され，何の罪で訴追されるのかを決定する
際の変化する法的定義がもたらす影響だろう。実
際には社会学者は，青少年非行とはそもそも何か
という点に関心を持つ。彼らは非行の定義を，明
白なものとしてではなく問題のあるもの，つまり
立法，違法，そして司法体系を持った日常社会と
の関係の中で研究すべきものとしてとらえる。

☐ alcohol	名	酒，アルコール
☐ in public	熟	公然と，人前で
☐ at age ～	熟	～歳で
☐ ....., while S V	接	....., ところが一方 S は V する
☐ in the same way	熟	同様に
☐ person	名	人
☐ unaccompanied by ～	熟	～につき添われないで
☐ adult	名	成人，大人
☐ move to ～	熟	～へ引っ越す
❿		
☐ perhaps	副	おそらく，もしかしたら
☐ more than any of ～	熟	～のどれよりも
☐ crucial	形	重大な
☐ legal	形	法の，合法の
☐ definition	名	定義
☐ arrest A for B	熟	B の理由で A を逮捕する
☐ in effect	熟	実際は
☐ in the first place	熟	そもそも
☐ take A as B	熟	A を B だと考える
☐ obvious	形	明らかな
☐ problematic	形	問題のある
☐ lawmaking	名	立法
☐ lawbreaking	名	違法
☐ workaday	形	普段の日の，平凡な
☐ judicial	形	司法の
☐ system	名	体系

Lesson
10

⓫ (By means of ⌐this example⌐ <of juvenile delinquency>), it is easy [to see
　　　　　　　　　　　　　　　　　　　　　　　　　　　　　 S V C
[that the social sciences (greatly) overlap one another]]. Sociology, (however),
　　　　S'　　　　　　　　　　　　　　V'　　 O'　　　　　　　S
is an overarching social science. Sociologists are, (for the most part),
V C　　　　　　　　　　　　　　　　 S　　　　 V
interested (in ⌐the same things⌐ <that other social scientists are interested in>),
C　　　　　　　　　　　　　　　　　 S'　　　　　　　　　　 V'　　 C'
and that they are, (however), not (as limited (in the scope or focus) (as are the
　　　　 S　 V　　　　　　　　　　　　C　　　　　　　　　　　　　　 V' S'
others)). (Wherever and whenever people come into one another's presence),
　　　　　　　　　　　　　　　　　　 S'　　 V'　　　 O'
there are ⌐potential data⌐ <for the sociologist>. The bar, the street and the
　　 V　　 S　　　　　　　　　　　　　　　　　　　 S
classroom — even the bedroom — (all) provide ⌐material⌐ (for sociologists)
　　　　　　　　　　　　　　　　　　 V　　　　 O
<to observe and analyze>. [What sociologists study] can be (as (socially)
　　　　　　　　　　　　　 SO'　　　 S'　　　 V'　　 V
significant (as an urban riot)) or (as common but (personally) significant (as
C①　　　　　　　　　　　　　　　　　 C②
⌐two people⌐ <greeting (with a handshake)>)). (In this sense), (then), the world
　　　　　　　　　　　　　　　　　　　　　　　　　　　　　　　　　　 S
belongs to the sociologists.
V　　　　 O

⓫ この青少年非行の例によって，社会科学はお互いに非常に重なり合っていることが容易にわかる。しかし，社会学は全体を包括する社会科学である。社会学者はたいてい，他の分野の社会科学者が持つのと同じ事柄に関心を持ち，しかもその範囲と焦点は他の社会科学者ほど限定されたものではない。いつ，どこで人々がお互いの存在に出会うのであれ，社会学者にとっての潜在的なデータが存在する。酒場，路上，教室，あるいは寝室までも，すべての場所が社会学者の観察と分析の素材を提供する。社会学者が研究するのは，都市の暴動のように社会的に重要なことであったり，2人の人が握手をして挨拶を交わすような，ありふれてはいるが個人的に重要なことであったりする。その結果，この意味で，世界は社会学者のものなのだ。

⓫

☐ by means of ～	熟	～によって
☐ overlap	動	～を重ね合わせる，～と部分的に一致する
☐ overarching	形	包括的な，全体に渡る
☐ for the most part	熟	たいてい，大部分は
☐ and that	熟	しかも，そのうえ
☐ limited	形	限定された，限られた
☐ scope	名	範囲
☐ come into ～	熟	～と出会う
☐ potential	形	潜在的な
☐ data	名	データ，情報
☐ bar	名	酒場，バー
☐ even	副	.....さえ
☐ provide A for B	熟	BにAを提供する
☐ analyze	動	～を分析する
☐ socially	副	社会的に
☐ significant	形	重要な
☐ urban	形	都会の
☐ riot	名	暴動
☐ common	形	ありふれた，普通の
☐ personally	副	個人的に
☐ greet	動	挨拶する
☐ handshake	名	握手
☐ in this sense	熟	この意味で
☐ belong to ～	熟	～のものである，～に所属する

Lesson

10

【訂正のお知らせはコチラ】
　本書の内容に万が一誤りがございました場合は, 東進 WEB 書店 (https://www.toshin.com/books/) の本書ページにて随時お知らせいたしますので, こちらをご確認ください。☞

【問題文出典大学】※本書に掲載している英文は, 必要に応じて一部改変しています。
Lesson 01：早稲田大学（教育）　**Lesson 02**：上智大学（法）　**Lesson 03**：慶應義塾大学（理工）　**Lesson 04**：上智大学（法）　**Lesson 05**：九州大学（前期日程）　**Lesson 06**：慶應義塾大学（理工）　**Lesson 07**：慶應義塾大学（経済）　**Lesson 08**：東京大学（前期日程）　**Lesson 09**：東京大学（前期日程）　**Lesson 10**：慶應義塾大学（総合政策）

大学受験　レベル別問題集シリーズ

英語長文レベル別問題集⑥ 最上級編【改訂版】

発行日：2023年　　3月　1日　　初版発行

著者：**安河内哲也／大岩秀樹**
発行者：**永瀬昭幸**

編集担当：山村帆南
発行所：**株式会社ナガセ**
　　　　〒180-0003 東京都武蔵野市吉祥寺南町 1-29-2
　　　　出版事業部 （東進ブックス）
　　　　TEL：0422-70-7456 ／ FAX：0422-70-7457
　　　　URL：http://www.toshin.com/books （東進 WEB 書店）
　　　　※本書を含む東進ブックスの最新情報は東進WEB書店をご覧ください。

制作協力：株式会社ティーシーシー （江口里菜）
編集協力：松下未歩　松本六花　三木龍瑛　湯本実果里
　　装丁：東進ブックス編集部
組版・印刷・製本：シナノ印刷株式会社
音声収録：財団法人英語教育協議会 （ELEC）
音声出演：Jennifer Okano　Vicki Glass
　　　　　Guy Perryman　Alka Lodha
動画出演：Nick Norton

合格の秘訣① 全国屈指の実力講師陣

東進の実力講師陣 数多くのベストセラー参考書を執筆!!

東進ハイスクール・東進衛星予備校では、そうそうたる講師陣が君を熱く指導する!

本気で実力をつけたいと思うなら、やはり根本から理解させてくれる一流講師の授業を受けることが大切です。東進の講師は、日本全国から選りすぐられた大学受験のプロフェッショナル。何万人もの受験生を志望校合格へ導いてきたエキスパート達です。

英語

日本を代表する英語の伝道師。ベストセラーも多数。

安河内 哲也先生
[英語]

予備校界のカリスマ。抱腹絶倒の名講義を見逃すな。

今井 宏先生
[英語]

「スーパー速読法」で難解な長文問題の速読即解を可能にする「予備界の達人」!

渡辺 勝彦先生
[英語]

雑誌『TIME』やベストセラーの翻訳も手掛け、英語界でその名を馳せる実力講師。

宮崎 尊先生
[英語]

情熱あふれる授業で、知らず知らずのうちに英語が得意教科に!

大岩 秀樹先生
[英語]

国際的な英語資格（CELTA）に、全世界の上位5%（Pass A）で合格した世界基準の英語講師。

武藤 一也先生
[英語]

関西の実力講師が、全国の東進生に「わかる」感動を伝授。

慎 一之先生
[英語]

数学

数学を本質から理解できる本格派講義の完成度は群を抜く。

志田 晶先生
[数学]

「ワカル」を「デキル」に変える新しい数学は、君の思考力を刺激し、数学のイメージを覆す!

松田 聡平先生
[数学]

予備校界を代表する講師による魔法のような感動講義を東進で!

河合 正人先生
[数学]

短期間で数学力を徹底的に養成、知識を統一・体系化する!

沖田 一希先生
[数学]

付録 **1**

国語

「脱・字面読み」トレーニングで、「読む力」を根本から改革する！
興水 淳一先生 [現代文]

明快な構造板書と豊富な具体例で必ず君を納得させる！「本物」を伝える現代文の新鋭。
西原 剛先生 [現代文]

東大・難関大志望者から絶大なる信頼を得る本質の指導を追究。
栗原 隆先生 [古文]

ビジュアル解説で古文を簡単明快に解き明かす実力講師。
富井 健二先生 [古文]

縦横無尽な知識に裏打ちされた立体的な授業に、グングン引き込まれる！
三羽 邦美先生 [古文・漢文]

幅広い教養と明解な具体例を駆使した緩急自在の講義。漢文が身近になる！
寺師 貴憲先生 [漢文]

文章で自分を表現できれば、受験も人生も成功できますよ。「笑顔と努力」で合格を！
石関 直子先生 [小論文]

理科

丁寧で色彩豊かな板書と詳しい講義で生徒を惹きつける。
宮内 舞子先生 [物理]

化学現象の基本を疑い化学全体を見通す"伝説の講義"
鎌田 真彰先生 [化学]

明朗快活な楽しい講義で、必ず「化学」が好きになる。
立脇 香奈先生 [化学]

全国の受験生が絶賛するその授業は、わかりやすさそのもの！
田部 眞哉先生 [生物]

地歴公民

入試頻出事項に的を絞った「表解板書」は圧倒的な信頼を得る。
金谷 俊一郎先生 [日本史]

つねに生徒と同じ目線に立って、入試問題に対する的確な思考法を教えてくれる。
井之上 勇先生 [日本史]

"受験世界史に荒巻あり"といわれる超実力人気講師。
荒巻 豊志先生 [世界史]

世界史を「暗記」科目だなんて言わせない。正しく理解すれば必ず伸びることを一緒に体感しよう。
加藤 和樹先生 [世界史]

わかりやすい図解と統計の説明に定評。
山岡 信幸先生 [地理]

政治と経済のメカニズムを論理的に解明しながら、入試頻出ポイントを明確に示す。
清水 雅博先生 [公民]

「今」を知ることは「未来」の扉を開くこと。受験に留まらず目標を高く、そして強く持て！
執行 康弘先生 [公民]

映像によるIT授業を駆使した最先端の勉強法
高速学習

一人ひとりの レベル・目標にぴったりの授業

東進はすべての授業を映像化しています。その数およそ1万種類。これらの授業を個別に受講できるので、一人ひとりのレベル・目標に合った学習が可能です。1.5倍速受講ができるほか自宅からも受講できるので、今までにない効率的な学習が実現します。

現役合格者の声

東京大学 理科一類
大宮 拓朝くん
東京都立 武蔵高校卒

得意な科目は高2のうちに入試範囲を修了したり、苦手な科目を集中的に取り組んだり、自分の状況に合わせて早め早めの対策ができました。林修先生をはじめ、実力講師陣の授業はおススメです。

1年分の授業を 最短2週間から1カ月で受講

従来の予備校は、毎週1回の授業。一方、東進の高速学習なら毎日受講することができます。だから、1年分の授業も最短2週間から1カ月程度で修了可能。先取り学習や苦手科目の克服、勉強と部活との両立も実現できます。

先取りカリキュラム

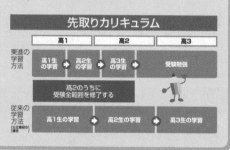

目標まで一歩ずつ確実に
スモールステップ・ パーフェクトマスター

高校入門から最難関大までの12段階から自分に合ったレベルを選ぶことが可能です。「簡単すぎる」「難しすぎる」といったことがなく、志望校へ最短距離で進みます。

授業後すぐに確認テストを行い内容が身についたかを確認し、合格したら次の授業に進むので、わからない部分を残すことはありません。短期集中で徹底理解をくり返し、学力を高めます。

自分にぴったりのレベルから学べる 習ったことを確実に身につける

現役合格者の声

一橋大学 商学部
伊原 雪乃さん
千葉県 私立 市川高校卒

高1の「共通テスト同日体験受験」をきっかけに東進に入学しました。毎回の授業後に「確認テスト」があるおかげで、授業に自然と集中して取り組むことができました。コツコツ勉強を続けることが大切です。

パーフェクトマスターのしくみ

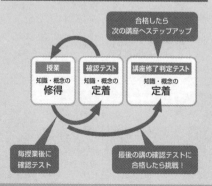

徹底的に学力の土台を固める

高速マスター基礎力養成講座

　高速マスター基礎力養成講座は「知識」と「トレーニング」の両面から、効率的に短期間で基礎学力を徹底的に身につけるための講座です。英単語をはじめとして、数学や国語の基礎項目も効率よく学習できます。オンラインで利用できるため、校舎だけでなく、スマートフォンアプリで学習することも可能です。

現役合格者の声

早稲田大学 法学部
小松 朋生くん
埼玉県立 川越高校卒

　サッカー部と両立しながら志望校に合格できました。それは「高速マスター基礎力養成講座」に全力で取り組んだおかげだと思っています。スキマ時間でも、机に座って集中してでもできるおススメのコンテンツです。

東進公式スマートフォンアプリ

東進式マスター登場！
（英単語／英熟語／英文法／基本例文）

スマートフォンアプリでスキマ時間も徹底活用！

１）スモールステップ・パーフェクトマスター！
頻出度（重要度）の高い英単語から始め、1つのSTAGE（計100語）を完全修得すると次のSTAGEに進めるようになります。

２）自分の英単語力が一目でわかる！
トップ画面に「修得語数・修得率」をメーター表示。
自分が今何語修得しているのか、どこを優先的に学習すべきなのか一目でわかります。

３）「覚えていない単語」だけを集中攻略できる！
未修得の単語、または「My単語（自分でチェック登録した単語）」だけをテストする出題設定が可能です。
すでに覚えている単語を何度も学習するような無駄を省き、効率良く単語力を高めることができます。

共通テスト対応 **英単語1800**
共通テスト対応 **英熟語750**
英文法750
英語基本例文300

「共通テスト対応英単語1800」2022年共通テストカバー率99.5％！

君の合格力を徹底的に高める

志望校対策

　第一志望校突破のために、志望校対策にどこよりもこだわり、合格力を徹底的に極める質・量ともに抜群の学習システムを提供します。従来からの「過去問演習講座」に加え、AIを活用した「志望校別単元ジャンル演習講座」、「第一志望対策演習講座」で合格力を飛躍的に高めます。東進が持つ大学受験に関するビッグデータをもとに、個別対応の演習プログラムを実現しました。限られた時間の中で、君の得点力を最大化します。

現役合格者の声

東京工業大学 環境・社会理工学院
小林 杏彩さん
東京都 私立 豊島岡女子学園高校卒

　志望校を高1の頃から決めていて、高3の夏以降は目標をしっかり持って「過去問演習」、「志望校別単元ジャンル演習講座」を進めていきました。苦手教科を克服するのに役立ちました。

大学受験に必須の演習

■過去問演習講座

1. 最大10年分の徹底演習
2. 厳正な採点、添削指導
3. 5日以内のスピード返却
4. 再添削指導で着実に得点力強化
5. 実力講師陣による解説授業

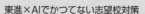

東進×AIでかつてない志望校対策

■志望校別単元ジャンル演習講座

過去問演習講座の実施状況や、東進模試の結果など、東進で活用したすべての学習履歴をAIが総合的に分析。学習の優先順位をつけ、志望校別に「必勝必達演習セット」として十分な演習問題を提供します。問題は東進が分析した、大学入試問題の膨大なデータベースから提供されます。苦手を克服し、一人ひとりに適切な志望校対策を実現する日本初の学習システムです。

志望校合格に向けた最後の切り札

■第一志望校対策演習講座

第一志望校の総合演習に特化し、大学が求める解答力を身につけていきます。対応大学は校舎にお問い合わせください。

学力を伸ばす模試

本番を想定した「厳正実施」
統一実施日の「厳正実施」で、実際の入試と同じレベル・形式・試験範囲の「本番レベル」模試。相対評価に加え、絶対評価で学力の伸びを具体的な点数で把握できます。

12大学のべ35回の「大学別模試」の実施
予備校界随一のラインアップで志望校に特化した"学力の精密検査"として活用できます(同日体験受験を含む)。

単元・ジャンル別の学力分析
対策すべき単元・ジャンルを一覧で明示。学習の優先順位がつけられます。

中5日で成績表返却
WEBでは最短中3日で成績を確認できます。
※マーク型の模試のみ

合格指導解説授業
模試受験後に合格指導解説授業を実施。重要ポイントが手に取るようにわかります。

東進模試 ラインアップ　2022年度

共通テスト本番レベル模試
受験生 高2生 高1生 ※高1は難関大志望者　年4回

高校レベル記述模試
高2生 高1生　年2回

 全国統一高校生テスト　●問題は学年別
高3生 高2生 高1生　年2回

 全国統一中学生テスト　●問題は学年別
中3生 中2生 中1生　年2回

早慶上理・難関国公立大模試
受験生　年5回

全国有名国公私大模試
受験生　年5回
共通テスト本番レベル模試との総合評価※

東大本番レベル模試 受験生
高2東大本番レベル模試
高2生 高1生　各年4回

京大本番レベル模試
受験生 年4回

北大本番レベル模試
受験生 年2回

東北大本番レベル模試
受験生 年2回

名大本番レベル模試
受験生 年3回

阪大本番レベル模試
受験生 年3回

九大本番レベル模試
受験生 年3回

東工大本番レベル模試
受験生 年2回

一橋大本番レベル模試
受験生 年2回

千葉大本番レベル模試
受験生 年1回

神戸大本番レベル模試
受験生 年1回

広島大本番レベル模試
受験生 年1回

共通テスト本番レベル模試との総合評価※

大学合格基礎力判定テスト
受験生 高2生 高1生　年4回

共通テスト同日体験受験
高2生 高1生　年1回

東大入試同日体験受験
高2生 高1生 ※高1は意欲ある東大志望者　年1回

東北大入試同日体験受験
高2生 高1生 ※高1は意欲ある東北大志望者　年1回

名大入試同日体験受験
高2生 高1生 ※高1は意欲ある名大志望者　年1回

医学部82大学判定テスト
受験生　年2回

中学学力判定テスト
中2生 中1生　年4回

※ 最終回が共通テスト後の受験となる模試は、共通テスト自己採点との総合評価となります。
※ 2022年度に実施予定の模試は、今後の状況により変更する場合があります。最新の情報はホームページでご確認ください。

2022年東進生大勝利！
東大・難関大 現役合格 史上最高！ 連続

東大 現役合格 日本一！※1 853名

文科一類	138名	理科一類	310名
文科二類	111名	理科二類	120名
文科三類	105名	理科三類	36名
		学校推薦	33名

※1 東大現役合格実績をホームページ・パンフレット・チラシ等で公表している予備校の中で最大（2021年11月現在）当社調べ。

史上最高！

昨対+37名

現役生のみ！講習生含まず！

学校推薦型選抜も東進！
33名 昨対+10名 / 86名
現役推薦合格者の38.3%が東進生！

現役生のみ！講習生含まず！

東進史上最高記録を更新!!

東進生現役占有率 **38.0%**

現役合格者の38.0%が東進生！※2

※2 2022年の東大全体の現役合格者は2,241名。東進の現役合格者は853名。東進の占有率は38.0%。現役合格者の2.7人に1人が東進生です。

国公立医・医 1,032名 昨対+45名

現役合格者の29.6%が東進生！

2022年の国公立医学部医学科全体の現役合格者は未公表のため、仮に昨年の現役合格者数（推定）3,478名を分母として東進生占有率を算出すると、東進生の占有率は29.6%。現役合格者の3.4人に1人が東進生です。

東進生現役占有率 **29.6%**

現役生のみ！講習生含まず！ 史上最高！

早慶 5,678名 昨対+485名

早稲田大	3,412名	
慶應義塾大	2,266名	

史上最高！ 現役生のみ！講習生含まず！

上理明青立法中 21,321名 昨対+2,637名

上智大	1,488名	青山学院大	2,111名	法政大	3,848名
東京理科大	2,805名	立教大	2,646名	中央大	3,072名
明治大	5,351名				

史上最高！ 現役生のみ！講習生含まず！

関関同立 12,633名 昨対+832名

関西学院大	2,621名
関西大	2,752名
同志社大	2,806名
立命館大	4,454名

史上最高！ 現役生のみ！講習生含まず！

私立医・医 626名 昨対+22名

史上最高！ 現役生のみ！講習生含まず！

日東駒専 10,011名 史上最高！ 昨対+917名

産近甲龍 6,085名 史上最高！ 昨対+368名

国公立大 16,502名 史上最高！ 昨対+68名

現役生のみ！講習生含まず！

旧七帝大 +東工大・一橋大・神戸大 4,612名 昨対+246名

東京大	853名	
京都大	468名	
北海道大	438名	
東北大	372名	
名古屋大	410名	
大阪大	617名	
九州大	437名	
東京工業大	211名	
一橋大	251名	
神戸大	555名	

史上最高！ 現役生のみ！講習生含まず！

国公立 総合・学校推薦型選抜も東進！

国公立医・医 302名 昨対+15名

旧七帝大 +東工大・一橋大・神戸大 415名 昨対+59名

東京大	33名
京都大	15名
北海道大	16名
東北大	114名
名古屋大	80名
大阪大	56名
九州大	20名
東京工業大	24名
一橋大	2名
神戸大	48名

史上最高！ 現役生のみ！講習生含まず！

ウェブサイトでもっと詳しく

東進　🔍検索

各大学の合格実績は、東進ネットワーク（東進ハイスクール、東進衛星予備校、早稲田塾）の現役生のみ、高3時在籍生のみの合same実績です。一人で複数合格した場合は、それぞれの合格者数に計上しています。

※2022年4月現在